REFLEXÕES
CIENTÍFICAS
E
Um diálogo aberto da ciência
sobre a espiritualidade
ESPIRITUAIS

Fausto Schneider
REFLEXÕES CIENTÍFICAS E ESPIRITUAIS

Um diálogo aberto da ciência sobre a espiritualidade

orientada pelo espírito do Monge Franciscano Juan Serpa Lopes

1ª edição / Porto Alegre-RS / 2019

Capa e projeto gráfico: Marco Cena
Revisão: Bianca Diniz
Produção Editorial: Bruna Dali e Maitê Cena
Produção Gráfica: André Alt

Dados Internacionais de Catalogação na Publicação (CIP)

S358r   Schneider, Fausto de Moura
     Reflexões científicas e espirituais: um diálogo aberto da ciência sobre a espiritualidade. / Fausto Schneider. – Porto Alegre: BesouroBox, 2019.
     144 p. ; 14 x 21 cm

     ISBN: 978-85-5527-101-4

     1. Ciência. 2. Filosofia. 3. Espiritualidade.
     4. Interdisciplinaridade. I. Título.

CDU 001:2

Bibliotecária responsável Kátia Rosi Possobon CRB10/1782

Copyright © Fausto de Moura Schneider, 2019.
1ª edição.

Todos os direitos desta edição reservados a
Edições BesouroBox Ltda.
Rua Brito Peixoto, 224 - CEP: 91030-400
Passo D'Areia - Porto Alegre - RS
Fone: (51) 3337.5620
www.besourobox.com.br

Impresso no Brasil
Julho de 2019

Todos os valores destinados ao autor com a venda desta obra são doados à manutenção dos trabalhos de caridade do Centro Espírita Luz da Esperança de São Fancisco de Assis (CELE), em Porto Alegre/RS.

SUMÁRIO

Apresentação 7

CAPÍTULO 01
Da Filosofia da Ciência na Civilização Ocidental 11

CAPÍTULO 02
Da Ciência Pericial e Laudos Grafotécnicos Judiciais 29

CAPÍTULO 03
Da Ciência Jurídica e Aplicação Contemporânea
das Provas Psicografadas nos Tribunais Brasileiros 33

CAPÍTULO 04
Dos Intermediários Externadores no Apoio
às Ações Policiais pelo Mundo 49

CAPÍTULO 05
Da Ciência Literária. Academia Brasileira de Letras.
Obras escritas após a morte de seus autores
e reconhecidas pela crítica 59

CAPÍTULO 06
Da Ciência Médica. CID F 44.3 Estados
de Transe e Possessão 105

CAPÍTULO 07
Da Ciência Astronômica e Astrofísica.
Dados de Planetas Catalogados 127

Conclusão 139

Bibliografia 143

Apresentação

O presente livro busca avaliar, a partir de um prisma científico e racional, fenômenos relacionados à espiritualidade nos nossos dias. Embora fazendo uma apreciação acadêmica dos temas, o propósito é, ao mesmo tempo, não empregar uma linguagem complexa e voltada a um público restrito. Compreendemos que de pouco valerá o esforço se os termos empregados atingirem apenas uma pequena parcela de pessoas que tenham afinidade de formação nas áreas abordadas. No entanto, em dados momentos, será necessário o aprofundamento de abordagens técnicas próprias da exigência daquilo que compreendemos como ciência atualmente, mas buscaremos ao máximo simplificar os termos para facilitar o entendimento.

Objetivamente, os ramos científicos que serão objetos de estudo deste livro são: (1) Filosofia da Ciência, (2) Perícia Forense e Grafotécnica, (3) Direito, (4) Literatura Brasileira, (5) Medicina e (6) Astronomia e Astrofísica.

Entendemos que ciência é todo o conhecimento adquirido mediante estudo ou prática com base em princípios precisos. É com esse critério rígido que abordaremos cada tema, respeitando os princípios de cada ramo científico, bem como avaliando-os não apenas sob a ótica filosófica e abstrata, mas também, e principalmente, mediante comprovação concreta e prática dos fatos. Assim, atenderemos a todos os requisitos típicos e próprios do objeto em estudo, que se trata de uma ciência experimental.

Este livro apresenta um estudo inclinado ao ceticismo, partindo da dúvida e da necessidade de atendimento a um crivo rígido que já tenha, em última análise, respaldo suficiente para caracterizarmos como ciência. Isso significa dizer que, em último grau, garantir o caráter científico do resultado encontrado. Não se pode confundir esse processo com a busca por unanimidade, pois esta tampouco faz parte da própria abordagem científica.

A ciência experimental não é unânime. Poderíamos citar diversos exemplos disso, mas, para melhor compreensão da mensagem, vejamos o que ocorre em consultas médicas, ilustrativamente. Podemos comparecer em dois dos melhores neurocirurgiões do país e receber de cada um deles a recomendação de um tratamento distinto. Ambos, amparados pela ciência, trilharam protocolos de pesquisa em populações semelhantes e seguindo crivos rígidos. De mesma forma, podemos comparecer aos escritórios dos dois melhores advogados do país e cada um deles, interpondo peças judiciais complexas e alicerçando-se em jurisprudências diversas, pode nos indicar mais de um caminho para a solução do conflito, mas ambos com base no rigoroso conhecimento acadêmico.

Portanto, nosso desafio é, respeitando o critério científico atual, traduzir os temas estudados para a linguagem comum e, ao mesmo tempo, comprovar a existência de uma inteligência que não termina com a morte física do indivíduo.

Para tanto, com base na Medicina, avaliaremos as definições da Organização Mundial da Saúde (OMS) sobre os novos códigos internacionais de doenças, em que se reconheceram os estados de transe e possessão. O Direito, ao seu turno, nos auxiliará na abordagem das provas judiciais psicografadas. Para esse tema, precisaremos de mais laudas, haja vista que sua aplicação não se resume apenas aos tribunais brasileiros, mas também aos internacionais.

Quanto à Perícia Forense e à Grafotécnica, aprofundaremos os seus critérios científicos visando à sua aceitação nos processos judiciais. Apresentaremos também casos concretos recentes de sua aplicabilidade na identificação precisa de escritos pós-morte.

A partir da Astronomia e da Astrofísica, serão apreciadas as conexões entre os planetas identificados em estudos das universidades do país e aqueles mencionados em obras relacionadas à espiritualidade antes mesmo das consolidações acadêmicas.

Abordaremos também obras literárias com autoria reconhecida pela crítica literária, ainda que escritas após a morte de seus autores, integrantes da Academia Brasileira de Letras. Tal fato correlaciona-se, inclusive, aos estudos de direitos sucessórios e direitos autorais.

No desfecho deste livro, compreenderemos melhor os reais sentidos e finalidades deste pequeno apanhado de estudos para todos nós. Sugerimos a você, leitor, duvidar de cada afirmativa feita aqui, não como resultado de preconceitos ou crenças divergentes, mas sim como um comportamento que segue a abordagem científica experimental.

CAPÍTULO 01
Da Filosofia da Ciência na Civilização Ocidental

1.1 Breve histórico da civilização ocidental e do papel da ciência

Primeiramente, precisamos compreender que a ciência é um ente vivo. Exatamente isto: um elemento do corpo social em constante aprimoramento e progresso. Ela acompanha e impulsiona a sociedade em dado momento histórico. Consequentemente, jamais haverá uma definição absoluta que reflita a verdade imutável, pois a sociedade acabaria por negá-la como consequência do seu gradativo progresso. A fim de evidenciar esse processo, este capítulo apresenta um retrospecto das ideias científicas, da Grécia Antiga até os dias atuais.

Desde os primeiros tempos de nossa civilização ocidental, o homem buscou alinhar pensamentos e teorizações, de modo a encontrar respostas imparciais e desprovidas de credos individuais. Eminentemente, havia a busca por um pensamento voltado ao universal, que pudesse ser compreendido por todos e sobre temas que a todos atingissem. Sob a ótica do ocidente, percebemos com destaque o grande esforço de pensadores como Sócrates, Platão e Aristóteles na formação da visão de mundo dos gregos. Os mesmos priorizaram afastar o ponto de vista dos sofistas (grupo que mais se importava em vencer debates do que buscar as verdades universais). Com a busca do pensamento universal – mediante o desenvolvimento da filosofia racional –, muito colaboraram tais pensadores para o afastamento da concepção de que deuses místicos gregos coordenavam as relações humanas. A credulidade cega que se repetia não poderia se manter.

Em meados do século IV a.C., Sócrates foi o marco e maior representante desse ideal. Sua capacidade de buscar as verdades absolutas – considerando estas como as de natureza não mutável segundo contextos e conjunturas momentâneas – era muito respeitada.

Em fragmento da obra *Apologia de Sócrates*, temos a seguinte explicação:

"(...) o objetivo platônico era o conhecimento das verdades essenciais que determinam a realidade – a ciência do universal e do necessário – para poder estabelecer os princípios éticos que devem nortear a realidade social, em busca da concórdia numa sociedade em crise. (...) Baseou-se nos conceitos matemáticos e nas noções éticas para demonstrar que a essência real e eterna das coisas existe. Usou como argumento a possibilidade de pensar figuras geométricas puras, que não existem no mundo físico. Da mesma forma, todo homem tem as noções de bem e justiça, por exemplo, que não tem correspondente no mundo sensível. Concluiu pela existência de um mundo de essências imutáveis e perfeitas, as ideias arquetípicas." (PLATÃO, 2000, p. 83)

Essa busca metodológica era muito aprofundada naquele contexto. A lógica racional foi inegavelmente um avanço àquele corpo social. Inclusive, identificamos na obra *O Banquete*, de Platão, inúmeras afirmativas de que os hábitos do homem de bem geram ações positivas. E, por extensão, poderíamos afirmar dedutivamente que as ações negativas dos homens resultariam dos hábitos negativos por eles cultivados ao longo de sua existência.

Os escritos de pensadores como Sócrates, Platão, Aristóteles e outros ícones filosóficos de nossa história podem auxiliar o leitor em aprofundamentos dessa natureza. Tratam-se de obras magníficas de esforço intelectual que demonstram a possibilidade de o homem buscar verdades racionalmente a partir de uma análise eminentemente dedutiva de observação.

Aqui, não se tem a pretensão – e tampouco é este nosso objetivo – de cobrir toda a história da ciência e do pensamento ocidental; objetivamos retomar os elementos metodologicamente embasados que deram efetiva moldura ao nosso pensar.

Isso posto, nosso pensamento, além das ideias arquetípicas, também é fruto de uma constante metamorfose a partir dos objetos de análise compreensíveis ao longo da história. Vê-se, na Filosofia, colaboração enorme: nada é estanque em ciência. A evolução da civilização exige o romper de paradigmas constantemente.

A colaboração da História auxilia na compreensão do que é ciência na atualidade. Ao nos debruçarmos sobre o período de transformação da Era Clássica e a expansão do Império romano, veremos que essa filosofia grega certa da identificação de verdades foi relativizada diante do contato com inúmeros povos e culturas distintas. Partiu-se para a avaliação de que nenhuma verdade poderia ser considerada absoluta, de forma que a única postura filosófica adequada era a completa suspensão de qualquer julgamento.

Ocorre que o modelo filosófico da ciência, embasando-se exclusivamente num campo de análise dedutivo, apresenta limite diante de contra-argumentos e argumentos eminentemente teóricos. Dependerá de toda a conclusão do axioma deduzido. Em outras palavras: uma vez que o axioma é uma premissa teórica considerada necessariamente verdadeira em tese, admite contra argumentos também teóricos regressivamente, pois ambos não se fundamentam em experimentos objetivos e concretos materiais. Pensadores como Pirro de Élis e Sextus Empiricus, nesse contexto histórico, trouxeram maior radicalismo para a mudança de pensamento da época.

Vê-se, na filosofia helênica, uma lógica voltada a demonstrar a futilidade de boa parte dos empreendimentos humanos, em especial da busca pela verdade metafísica. Contudo, ao mesmo tempo em que surgiam novos desafios, próprios de uma civilização em desenvolvimento, houve uma preservação do pensamento grego. Não se buscavam respostas na abstração da vontade dos deuses místicos; tampouco elas se encerravam num método dedutivo humano para desvendar verdades absolutas.

Nesse período helenístico, somam-se contribuições no campo das Ciências Naturais. A Astronomia, a Matemática e a Física demonstram que as denominadas verdades da humanidade ainda não estão encerradas. Há mais no Universo do que aquilo que nossas teorias explicam.

O estudo dos planetas, o desenvolvimento da Matemática e o aprofundamento da Física levam ao homem objetos de estudo antes desconhecidos. Por consequência, outras concepções da verdade se apresentam. O conceito de mundo como verdade é ampliado para além do planeta Terra. A Matemática já não mais serve apenas para facilitar a contabilidade dos mercadores, e a Física desvenda realidades não visíveis aos olhos humanos, mas comprováveis por meio de novos métodos.

Dando sequência ao desenvolvimento histórico, durante o declínio do Império greco-romano, surge uma nova visão de mundo, inaugurando a Era Cristã. Paulo de Tarso, a singular referência bibliográfica da vida do maior símbolo da religiosidade ocidental – o judeu Jesus Cristo –, demonstrou boa parte de seus ensinamentos em suas inúmeras peregrinações.

Importa compreender que, naquela época, o conhecimento era restrito às castas superiores da sociedade; a imensa maioria nem sequer possuía acesso à leitura. Muitos paradigmas dessa realidade social foram confrontados pelo cristianismo, uma vez que a maioria das sociedades divididas em castas – até os dias atuais, vale dizer –, não reconhece os preceitos do cristianismo por eles representarem uma ameaça direta à manutenção desses estamentos sociais. A concepção filosófica de que o filho de Deus era irmão de todos trouxe uma igualdade muito combatida pelos elevados graus da sociedade. Uma estrutura que tinha como princípio regulador a manutenção de classes sociais distintas, superiores e inferiores, se via ameaçada quanto à sua estabilidade.

Para melhor compreensão histórica da passagem de Jesus Cristo, temos inúmeras obras e traduções da Bíblia. A imensa maioria não se resume a uma tradução literal, mas sim a um exercício de hermenêutica, conforme a dogmática da religião de grupos humanos, o que afeta seu valor científico-histórico. Não satisfeitos em apenas traduzir, vão além, interpretando os textos, como se fossem necessários intermediários para se alcançar a uma interpretação racional. Assim, fica evidente o interesse em manter o conhecimento como ferramenta de poder e a dependência dos fiéis aos autoproclamados representantes da divindade na Terra. Daí também advém o fato de tantas religiões diferentes terem como base os mesmos textos.

Fica aqui o convite para que o leitor busque obras traduzidas por historiadores. Cada termo apresenta mais de uma tradução possível, competindo ao leitor aplicar racionalmente a devida hermenêutica.

Assim como ocorre com qualquer outro ramo de estudo, a hermenêutica é a ciência da interpretação de textos.

Na área jurídica, por exemplo, há a hermenêutica aplicada ao Direito. Para uma interpretação acurada, é necessário o conhecimento nesse sentido.

Como princípio interpretativo, para a aplicação da hermenêutica propriamente dita, é necessário reconhecer que a interpretação é um processo repleto de etapas sucessivas e encadeadas. Tal processo, como recomenda uma das maiores referências no meio jurídico, Dr. Carlos Maximiliano, necessita de uma avaliação (a) filológica e (b) lógica. Em síntese, a etapa filológica ou gramatical se subdivide em quatro eixos principais. São eles:

"(a.1.1) conhecimento perfeito da língua empregada no texto, isto é, das palavras e frases usadas em determinado tempo e lugar; propriedades e acepções várias de cada uma delas; leis de composição; gramática; (a.1.2) informação relativamente segura, e minuciosa quanto possível, sobre a vida, profissão hábitos pelo menos intelectuais e estilo do autor; (a.1.3) notícia completa do assunto de que se trata, inclusive a história respectiva; (a.1.4) certeza da autenticidade do texto, tanto em conjunto como em cada uma das suas partes." (MAXIMILIANO, 2003, p.88)

A interpretação exclusivamente gramatical não é suficiente para encerrar a ideia humana vinculada. A literalidade da letra fria não é, por si só, capaz, muitas vezes, de traduzir o espírito do emissor do pensamento.

Vejamos o que afirma o apóstolo São Paulo na segunda Epístola aos Coríntios: "a letra mata; o espírito vivifica". O pensamento prevalece sobre a letra, pois o invólucro verbal não é perfeito. Nesse sentido, também se deve buscar a intenção de quem afirma a partir de uma análise ampla e sistemática, harmonizando o texto como um todo na busca do pensamento. Para essa apreciação lógico-sistêmica, o leitor fará uma exegese, pegando o fragmento textual e colocando-o no cenário macro dos textos afins, harmonizando uma aparente inconsistência textual com a ideia macro estruturante.

Seguindo o objeto principal deste capítulo, não mais na área jurídica, consta na Bíblia, em Lucas 14:1, o relato da cura do Hidrópico (Novo Testamento, tradução do jurista Haroldo Dutra Dias, pág. 331), em que se observa Jesus Cristo sendo questionado pelos fariseus se era lícito curar no dia de sábado, posto ser um dia de guarda, e não de trabalho, segundo os textos literais do Antigo Testamento. A resposta de Cristo foi: "Qual de vós, se um filho ou um boi cair em um poço, não o retirará logo, no dia de sábado?" Basta uma análise sistêmica dos princípios fundamentais pregados pelo cristianismo para que certos textos tenham seu significado desvendado.

Em se tratando de hermenêutica bíblica, encontramos grandes historiadores. Aqui, salientamos Gordon D. Fee e Douglas Stuart, doutores no tema, que, na obra *Entendes o que lês* – um guia para entender a Bíblia com o auxílio da exegese e da hermenêutica –, oferecem brilhante estudo aos interessados em se apropriar do tema.

Quanto à obra supracitada, reforçamos a seguinte reflexão: Mais difícil do que interpretar a Bíblia é a civilização agir conforme seus ensinamentos. Nas palavras dos estudiosos "O que é a sabedoria exatamente? Uma definição breve seria a seguinte: A sabedoria é a disciplina de aplicar a verdade à vida, à luz da experiência" (Gordon e Stuart, 1997 pág.196). Isso é fato, objetivamente comprovado diante de inúmeras ações desumanas praticadas em nossos dias, como as guerras entre povos denominados religiosos em pleno século XXI.

Dando continuidade a esse breve histórico, em meados de 400 d.C., Agostinho de Hipona se distingue como um dos maiores pensadores de seu período. Suas obras de maior destaque são a *A Cidade de Deus* e *Confissões*, muito estudadas até hoje. Nelas, o bispo, mais conhecido como Santo Agostinho, aprofunda teses filosóficas e teológicas.

Agostinho foi considerado um dos maiores responsáveis pela Igreja Católica, pois, diante da queda do Império, difundiu uma cidade de Deus em contraponto à cidade dos homens na Terra. Segundo Richard Tarnas:

"O que era implícito em Paulo foi explicitado por Agostinho. (...) Em certo sentido, Agostinho foi o mais moderno dos antigos: ele possuía a consciência de um existencialista, com uma grande capacidade para a introspecção e a luta consigo mesmo; preocupava-se com a memória, a consciência e o tempo; tinha perspicácia psicológica, dúvidas, remorsos; percebia a alienação solitária do ego humano sem Deus; havia ainda seu intenso conflito interior, seu ceticismo e sua sofisticação intelectual." (TARNAS, 2001, p. 164).

Ao demonstrar dúvidas naquele contexto histórico e a partir de sua posição, Agostinho já apresentava uma postura de vanguarda. A Igreja, em sua dogmática, possuía apenas certezas. Um membro dela ter dúvidas desestabilizava suas estruturas e contrariava dogmas.

Então, sobreveio a transformação da Era Medieval, e, nela, destacamos aqui São Tomás de Aquino. Nesse cenário, há abertura ao mundo natural e uma nova linha de competência intelectual. Os evangelistas não mais viam Deus como uma verdade isolada da vida cotidiana, como na concepção ortodoxa.

As obras de Aquino são muito apreciadas. Sua árdua tarefa intelectual uniu a visão de mundo dos gregos e cristãos. Uma grande *summa* agregou ciência, filosofia e teologia cristã. Novas escolas e estudos são desenvolvidos sob essa ótica.

Em meados de 1300 d.C., já no declínio da Idade Média, advém o renascimento do humanismo clássico. A nobreza e o clero, mediante compilações e inflexões interpretativas da Igreja Ortodoxa, conforme a história nos relata, manipularam entendimentos conforme o interesse de seus dogmas e para a manutenção dos privilégios das classes mais favorecidas. A venda de indulgências pela Igreja Católica Apostólica Romana na época, para subsidiar construções arquitetônicas, são desprovidas de ética e moral. Dizia-se que, se fossem juntados todos os fragmentos vendidos como partes da cruz de Cristo, uma ponte poderia ser construída. A fé em Deus era interpretada pelo Papado, que ditava as verdades absolutas.

Eis que, em 1517, surge Lutero e a Revolução Protestante. A primeira Bíblia é traduzida para o alemão, idioma local. Não mais são necessários os intérpretes dos textos

Reflexões científicas e espirituais

bíblicos. A linguagem compreendida por poucos é substituída e popularizada quando os textos bíblicos começam a ser traduzidos pelo mundo. Os Cantos, nas Igrejas Protestantes, são feitos em linguagem simples, assim como as músicas. Os nobres não mais pagam dízimo à Igreja Católica Apostólica Romana.

Renasce na sociedade, após um longo período de pobreza intelectual (medieval), o humanismo e o antropocentrismo. A busca por verdades e o retorno às investigações científicas retomam seu curso. É aí que sobrevém a Contrarreforma.

A Igreja Católica Apostólica Romana se vale dos Tribunais da Inquisição. Muitos são perseguidos sob a alegação de que ciência é de natureza pagã. Absolutamente parciais, sucedem-se julgamentos e penas desumanas. Cientistas são postos em fogueiras. Todo o pensamento contrário à ordem imposta por dogmas é duramente combatida pela Igreja.

Mas a ciência permanece. Os paradigmas são rompidos. Para a Igreja, intimamente ligada ao poder estatal, havia todo um conjunto filosófico que servia de alicerce para a manutenção de seus privilégios. A Terra, por exemplo, para a Igreja, era o centro do Universo. Os estudos de Copérnico, por sua vez, afrontaram esses fundamentos dogmáticos. Assim, a Era da Inquisição se impôs ainda mais profundamente, fazendo com que a sociedade entrasse em declínio.

A fé é confundida com essa Igreja, passando, dessa forma, a ser considerada uma característica dos leigos, já que a Igreja de maior representatividade do corpo social nega a ciência e sempre luta para manter o conhecimento como forma de manutenção de seu poder. Assim, essa fé é relegada aos homens de pouca intelectualidade científica, posto ser da natureza dos estudiosos o ato de questionar, enquanto a manutenção dos dogmas necessita dos mistérios da fé para existir e continuar a ditar, através de um interlocutor, aquilo que falsamente se dizia ser a vontade de Deus.

Nesse cenário conturbado, advêm estudos de inúmeros pensadores iluministas que possibilitaram uma reflexão mais profunda. Dentre eles, como nosso objeto de averiguação sugere, avaliaremos René Descartes para com isso termos uma melhor compreensão do que conhecemos atualmente como ciência experimental. Método esse que desmistificou muitos paradigmas e dogmas fundamentalistas religiosos, aplicando-se até os Séculos XX e XXI; certos das novas evoluções agregadas que traremos em momento oportuno.

1.2 Da evolução conceitual da ciência

Antes de abordarmos o Método Indutivo Experimental, considerado por nós ainda o mais efetivo perante o entendimento geral, teceremos uma introdução sobre os acréscimos das teorias modernas da filosofia da ciência.

Aqui, cabe parte dos créditos às obras de Silvio Seno Chibeni, destacado na obra da tese de mestrado de Michele Ribeiro de Melo – Psicografia e Prova Judicial. Nosso propósito é demonstrar que, depois do Método Indutivo Experimental, outros acréscimos foram feitos ao conceito de ciência. Nossa escolha pelo referido método deve-se à necessidade social do homem médio e sua compreensão objetiva.

Ocorre, portanto, que, por volta de 1950, grandes progressos foram alcançados pela filosofia da ciência. Filósofos como:

"Karl Popper, Willard Quine, Thomas Kuhn, Paul Feyerabend e Imre Lakatos (...) observaram a existência de sérios equívocos no que diz respeito à visão comum de ciência (...) Houve uma revisão da concepção de verdade absoluta da ciência, visão equivocada que se estendeu por séculos e ainda apresenta fortes reflexos dentre os não filósofos (...) cedeu lugar a uma concepção mais idealista das relações entre mundo das sensações e mundo construído pela teoria científica." (MELO, 2013, p. 36-37)

O que tiramos como aprendizado é o fato de que, em síntese, o conhecimento universal e certo sobre o mundo é relativo. Como afirmávamos já no início deste capítulo, trata-se de uma constante mutação à medida que se amplia o próprio conhecimento do mundo.

Dessa constatação, para nós, o fundamental é o fato de que o saber é compatível com a capacidade humana de elaborar métodos de conhecimento. Não se pode negar a existência de algo apenas por não encontrarmos um método experimental para comprová-la. Basicamente, não se pode negar a existência de Plutão apenas por não termos dele matéria experimental, ou por não termos lá chegado. Podemos encontrar, cientificamente, outros métodos impulsionados por uma teoria quanto à sua existência.

A Física Quântica, por seu turno ainda incipiente, ao avaliar, com grande valia, dimensões próximas ou abaixo de escalas atômicas, seria desmerecida, pois busca provas. A ciência não pode encerrar-se apenas naquilo de que tem provas, posto que isso impediria sua própria evolução. É o que destaca Chibeni, citado por Melo (2013, p. 42): "A ideia de confirmação não está no sentido da visão tradicional da ciência, uma vez que se confunde com prova. O autor compreende este termo como 'apenas a evidência empírica favorável'".

O salutar aprofundamento desses temas não é o propósito aqui. Com tudo que foi dito até aqui, queremos apenas demonstrar que a Metodologia da Ciência Indutiva Experimental não pretende se afirmar como o método mais completo no campo do pensamento teórico da filosofia da ciência, nem tampouco é o ideal para a evolução social, mas apresenta-se como a metodologia mais efetiva e compreensível em nossos dias para o tema central deste livro.

Isso posto, daremos início ao método científico experimental com provas efetivas para o resultado proposto.

1.3 Método Indutivo Experimental

O Iluminismo teve seu apogeu no século XVIII. Muitos foram os progressos da humanidade. Pensadores como John Locke, Voltaire, Montesquieu e Rousseau desenvolveram novas teorias, ideias racionalmente dispostas e contrárias ao absolutismo, que, por sua vez, retardava o desenvolvimento social.

No Iluminismo, René Descartes desenvolveu uma metodologia distinta daquela usada pelos gregos antigos. Para

Reflexões científicas e espirituais

Descartes, era necessário duvidar de tudo e comprovar metodologicamente a existência das coisas. Dessa forma, as premissas decorrem não de axiomas teóricos deduzidos, mas, sim, de convicções experimentalmente comprovadas.

Descartes instituiu a dúvida e a ideia de que só existe aquilo que a ciência pode provar. De fato, importa compreender que, em geral, a ciência ainda hoje reconhecida socialmente se funda naquilo que consegue comprovar. Os fundamentos daquilo que compreendemos hoje como ciência encontram amparo em suas teorias indutivas experimentais.

Naquela época, a Igreja Católica Apostólica Romana era vista como a interlocutora de Deus, e o rei representava a Sua vontade na Terra. Forte opositor do absolutismo, Descartes propôs esse aprofundamento científico com o propósito de afastar crendices e falsas análises até então apregoadas naquela sociedade.

Segundo seus ensinamentos, não se admite válida uma explicação se não for resolvida e comprovada experimentalmente sua premissa. Não são os fatos que sobrevêm à confirmação da teoria, mas, sim, a teoria que posteriormente vem explicar os fatos comprovados. Não mais são deduzidas verdades a partir de teorias criadas pela imaginação; a partir de então, são intuídas máximas mediante comprovação experimental. Tal método, também conhecido como cartesiano, consiste no ceticismo metodológico que em nada tem a ver com a atitude cética frente aos resultados. Na obra clássica *Discurso do Método,* isso tudo é brilhantemente aprofundado.

Com isso, podemos dizer que há crivo no critério de estudos com base em sistematizações científicas. O método é rígido, padronizado. Contudo, a conclusão não pode ser vista com ceticismo, pois este reflete, no fundo, o não reconhecimento, em última análise, de dado ramo da ciência e o apego a um preconceito, no sentido próprio do termo. Portanto, deve-se duvidar de cada ideia que não seja clara e distinta. Esse será o norte e o escopo maior de toda a nossa análise. Isso tudo, movido pela necessidade, premente da nossa sociedade, ou seja, de acreditar como verdadeiro somente naquilo que é materialmente comprovado no plano racional experimental.

O senso coletivo comum de compreensão ainda precisa da prova materializada das afirmativas. Assim, busca-se avaliar uma premissa mediante um método científico experimental, ou seja, são procuradas provas dentro daquilo que racionalmente compreendemos e que simultaneamente encontra lastro em um ramo científico acadêmico.

Desta feita, e no esforço de simplificação da demonstração desse método, concluímos que, ao se afirmar uma premissa, não basta uma avaliação exclusivamente teórico-filosófica, uma lógica puramente dedutiva. Isso significa dizer, em última instância, que, sem uma prova material do experimento pelo ramo próprio da ciência peculiar, não haverá apreciação nesse estudo. Assim, reconhecendo-se que mesmo diante de um campo mais restrito e rígido do ponto de vista filosófico-científico; compreende-se que o crivo experimental homologado por cada seguimento da ciência é necessário para consolidar a compreensão devida do proposto nesse estudo.

Em que pese termos como assertivo que a ciência é um universo mais amplo do que exclusivamente ter seu produto

Reflexões científicas e espirituais

enfaixado por aquilo que a humanidade consegue comprovar com seus métodos científicos num cenário histórico de contexto. E ainda que o progresso desse ente vivo chamado ciência terá sempre uma mutação constante e proporcional ao entendimento dimensional da matéria sob análise contemporânea, priorizaremos a Ciência Experimental e os apanhados de cada ramo científico que possua um experimento reconhecido no seu seguimento.

Restrito à dimensão de realidades atualmente comprováveis através dos estudos amparados nas academias, trazemos um exemplo contemporâneo para facilitar, de forma mais abrangente possível, o tema: acesso à Internet mediante a utilização de cabos de rede, ainda que já possa ser considerada uma técnica obsoleta. Essa é uma tecnologia de fácil compreensão, pois há um meio físico material perceptível aos nossos sentidos. Então, podemos reconhecer a passagem dos dados à medida que clicamos em sítios da Internet e temos acesso ao seu conteúdo. Mas e se não tivermos um meio físico para a transmissão de dados, haverá a difusão dessas informações? Hoje, é obvio que sim. O fato de não percebermos um meio físico de transmissão através dos nossos sentidos não nega a sua existência. Há, de fato, difusão de sinais sem cabos.

Mas, para a compreensão do homem médio – sendo este entendido como o indivíduo não *expert* naquele assunto ou ramo da ciência específico –, não basta que o roteador esteja teoricamente apto a enviar um sinal de acesso à Internet; é preciso provar que ele o faz. Logo, esse indivíduo, ao ligar seu dispositivo e ativar o sinal sem fio, terá acesso às mesmas informações que teria com ou sem cabos de transmissão. Vídeos, jogos, áudios, tudo é transmitido sem cabos fisicamente visíveis, comprovando metodologicamente o experimento por comparação dos resultados em ambos os meios de transmissão de dados.

Assim sendo, antes mesmo da análise dos casos concretos de cada ramo científico que abordaremos; para auxílio complementar conclusivo trabalharemos a definição do Método Científico Experimental criado por Descartes.

Sabemos, em linhas gerais, que ciência é o conhecimento ou o saber explicado racionalmente e sistematizado a partir de estudo ou prática. E a ciência experimental? Esta pode ser humana, biológica, física ou tecnológica, e necessita de experimento real e comprovado para validar uma teoria. Isso lhe garante credibilidade no campo racional e acadêmico e, ao mesmo tempo, mediante prova material, leva ao corpo social uma compreensão mais abrangente e profunda.

Portanto, convidamos o leitor ao estudo da existência comprovada de uma forma de inteligência ainda pouco abordada e reconhecida na sociedade como um todo. Esta pesquisa seguirá o Método Indutivo Experimental, avaliando as provas analisadas a partir de ramos da ciência. Neste trabalho, sem vinculação a dogmas ou religiões, serão abordados estudos reconhecidos pela ciência experimental em suas áreas próprias. Começaremos pelas áreas pericial e jurídica, seguindo para a Literatura Brasileira e a Medicina e, por fim, abordando a Astronomia e a Astrofísica. O propósito é, mediante comprovações reconhecidas por obras científicas, apresentar e instigar o leitor ao estudo da premissa de que, após a morte física, há a continuidade de uma inteligência individualizada.

CAPÍTULO 02
Da Ciência Pericial e Laudos Grafotécnicos Judiciais

Em nossa legislação, a perícia é classificada como meio de prova. Michele Ribeiro de Melo, na apresentação de sua dissertação de mestrado (2013, p. 119), cita Malatesta, que, por sua vez, esclarece "ser a perícia o testemunho de fatos científicos, técnicos ou de suas relações, conhecidas do perito, eis sua natureza especial".

Dessa forma, em linhas gerais, podemos dizer que há uma metodologia rígida para conclusões efetivas mediante análise de um especialista em relação ao objeto averiguado. Por exemplo, o juiz, ao analisar o caso concreto, pode ter necessidade de solicitar a manifestação no processo de um experto no assunto em questão. Nessas situações, ele deve requerer avaliação pericial. Portanto, a perícia não parte de um conhecimento empírico; ela está vinculada a um método científico do conhecimento, e o seu avaliador necessita, além do método, ser especialista no assunto.

Assim sendo, com essas premissas já alinhadas, passemos ao foco deste capítulo com uma análise da perícia grafotécnica, posto a sua necessária e criteriosa avaliação com a finalidade de verificar a autenticidade da prova documental psicografada. Afinal, em última análise, não se pode dar natureza de prova documental a uma psicografia no processo judicial sem uma preliminar e efetiva apreciação, neste caso, pericial.

2.1 Da perícia grafotécnica

Na Ciência Jurídica, em regra, aquilo que não é parte dos autos do processo judicial não está no mundo. Isto é, não é permitido ao juiz avaliar elementos que não estejam, por padrão, no processo judicial. Portanto, há rígido critério para que documentos sejam juntados ao processo. E, diante dessa necessidade de um critério padronizado e rígido, a perícia grafotécnica dá subsídios para a anexação de diversas espécies de documentos aos autos, gerando, assim, a prova documental.

A perícia grafotécnica é aquela empregada para dar autenticidade ou falsidade à autoria de determinada caligrafia. Ela pode ser requerida pelo juiz e, uma vez o sendo, torna-se condição para anexação ao processo. É usada, por exemplo, nos contratos de compra e venda, testamentos, obrigações civis, confissões criminais e tantas outras inúmeras possibilidades jurídicas com a finalidade de resolver conflitos entre partes.

Passaremos a analisar as características da grafia a partir da apreciação do francês Sollange Pellat, citado pela mestra Melo (2013). Neste sentido, há, nas palavras do estudioso francês, quatro leis básicas para a grafia humana, as quais abordaremos em linhas gerais, com o propósito de atingir uma compreensão mínima.

Em primeiro lugar, "O gesto gráfico está sob influência imediata do cérebro. A sua forma não é modificada se o órgão que aciona o instrumento escritor se encontra suficientemente adaptado à função" (MELO, 2013, p. 123). E complementa dizendo que o referido gesto gráfico, para a sua execução, obedece a uma lógica que parte de recordar os símbolos, planejar a escrita e executá-la conforme esse planejamento.

Como uma segunda lei do grafismo está uma característica muito particular de cada um, um sentimento praticamente inconsciente da escrita que mantém uma intensidade entre padrões máximos e mínimos dentro de um impulso individual. Como explica Melo (2013, p. 124), "Quando o escritor não emprega esforço oriundo do movimento voluntário do cérebro, sua escrita se dá de forma genuína". Em outras palavras, quando há a intenção de se plagiar um texto mais ou menos longo, a grafia não segue esse fluxo involuntário e natural da escrita. Não é mantido um padrão de intensidade particular e típico do indivíduo. Há perda da identidade. Para o especialista, guardadas as proporções, esse fluxo padrão é como uma impressão digital, particular e individual.

A terceira lei do grafismo, intimamente ligada à anterior, se funda no fato de que o autor não pode mudar sua grafia natural porque esta tem origem em um ato involuntário. Dessa forma, o fraudador precisa ter a vontade e a clara intenção de realizar essa mudança para conseguir fazê-la. Contudo, pelo mesmo motivo, deixa rastros dessa tentativa de falsidade. Alguns deles são: "inclusão de paradas, tremores, indecisões, retomadas, sobrecarga de tinta, bem como divergência quanto à dinâmica, força de pressão e progressão, além do comprometimento da sua espontaneidade" (MELO, 2013, p. 124).

Como quarta e última avaliação, a lei do grafismo parte de uma comparação com uma peça padrão, constituída "por assinatura autêntica em documentos como carteira de identidade, cartões de banco, carteira de trabalho, CPF, ou seja, documentos originais que denotam credibilidade e permitem ao examinador (...) comparação (...)" (MELO, 2013, p. 124). A autora ainda assevera que somente documentos originais podem servir de paradigma, e não cópias, pois não possuem os elementos mínimos necessários já apreciados aqui para identificação efetiva.

A autora denomina gênese gráfica aquilo que podemos chamar de digital da escrita, com o propósito de reforçar seu caráter individual e particular por analogia metafórica. Melo (2013, p. 125) esclarece ser essa gênese gráfica constituída de quatro aspectos: "planejamento, sentido, tendência e ideação", aprofundando as distinções entre falsidade e autenticidade no trabalho dos peritos.

Não é nosso propósito exaurir o tema, mas, sim, esclarecer quanto ao critério distintivo entre autenticidade e falsidade de autoria em peças escritas.

CAPÍTULO 03

Da Ciência Jurídica e a Aplicação Contemporânea das Provas Psicografadas nos Tribunais Brasileiros

A teoria das provas na ciência do Direito é tema de contínuo estudo. Os tratados sobre prova material, indício de prova, prova legal, prova ilegal, meios de prova e tantos outros são inúmeros e sofrem variação conforme o ramo jurídico em análise. Contudo, uma vez que a preocupação é tornar acessível o texto a qualquer leitor, independentemente de sua formação, faremos algumas abordagens amplas e distintivas que interessam ao foco deste livro.

Dessa forma, começamos esclarecendo que o Direito possui duas amplas e distintas áreas que estão conectadas, mas são independentes na medida em que possuem fontes e princípios próprios: o Direito Material e o Direito Processual. O Direito Material significa, para uma melhor compreensão, um conjunto de normas que reconhecem os direitos da pessoa humana, enquanto o Direito Processual é o meio pelo qual se garante que esse direito será concretizado.

Ilustramos essa explicação com o direito à Saúde Pública, que é um Direito Material reconhecido na Constituição da República Federativa do Brasil. Contudo, não raro, cidadãos têm esse direito negado, com a justificativa de que já se atingiu a lotação máxima da ala, e precisam ingressar com ações judiciais para ter acesso a leitos em Unidades de Tratamento Intensivo e, assim, preservar o direito à vida. Nesse sentido, o Direito Processual, ou Instrumental, se faz necessário para comprovar e garantir o Direito Material.

Nossa avaliação abordará a utilização dos meios de prova admitidos no Direito Processual como uma forma de conhecimento preliminar necessário ao que se seguirá, num segundo momento, com caráter mais específico.

3.1 A Prova e o Direito Processual Brasileiro

As provas judiciais e sua averiguação são temas efetivamente extensos no Direito, apresentando variações quanto ao seu ramo. Faremos nossa abordagem sob o prisma do Processo Penal, pois acreditamos que esse é o caminho mais preciso para o leitor.

A análise das provas no Direito Penal tem classificações e características que geram, entre outras distinções, valorações diversificadas. Há a classificação conforme o objeto, podendo ser direta ou indireta. A direta ocorre quando o fato é demonstrado de modo imediato, com um flagrante ou corpo de delito. Já a indireta é composta por indícios ou suspeitas, isto é, fatos que podem ser deduzidos ou induzidos a partir do pressuposto mediato. Também pode ser classificada a prova quanto ao sujeito que praticou a conduta típica, sendo real ou pessoal. No primeiro caso, podem ser vestígios biológicos deixados na cena do crime; no segundo, pode ser uma testemunha que tenha ligado o autor ao fato. Outra possibilidade é a classificação da prova quanto ao seu valor, podendo ser plena ou não plena. O próprio nome já explica: entende-se a primeira como aquela categórica, contundente por si só; e a segunda como o oposto. Quanto à sua forma, a prova poderá ser testemunhal, documental ou material. A testemunhal advém de uma afirmação pessoal; a documental tem origem escrita ou gravada; e a material é construída a partir de avaliação biológica, química ou física.

As classificações, características e valorações sofrem muitos outros desdobramentos, mas, para nós, aqui, importa a compreensão de que, dentre as provas, não há nenhuma que obrigue o Juiz de Direito a nela vincular sua decisão. As provas são de livre apreciação do magistrado.

Importa esclarecer que, por outro lado, também é verdade que o juiz deve fundamentar sua decisão discricionariamente. Deverá, pela persuasão racional, seguir critérios e princípios científicos para sua decisão, de maneira não arbitrária. Há liberdade restrita ao campo próprio da Ciência Jurídica.

Acerca deste tema, queremos registrar os seguintes fatos: não há prova determinante; as provas, para fazerem parte de um processo judicial, obedecem a uma classificação, caracterização e valoração; ao juiz, competirá julgar conforme os autos processuais. Deve-se somar também a esses pressupostos o fato de que, para a prova ingressar nos autos do processo judicial, há rígida análise jurídica e direito de contestação pericial não só pelo Ministério Público, mas também por eventual assistência do advogado de acusação.

Uma vez que consta em nossa Constituição Federal que o Estado brasileiro é laico, não há limitação ou restrição de qualquer produção científica em razão de ordens ou dogmas religiosos. Portanto, uma vez que haja produção científica da prova nos moldes jurídicos, não há interferência delimitadora de segmento religioso qualquer.

Neste sentido, passaremos a analisar casos concretos que se valeram de provas documentais escritas na modalidade psicografada, tanto nos tribunais brasileiros quanto nos internacionais. O leitor acompanhará que essas provas psicografadas apreciadas pericialmente – requisito no Brasil – viabilizaram o esclarecimento de crimes quanto à sua autoria, localização do corpo físico, armas utilizadas e todo tipo de elemento usado para solucionar o conflito posto em tribunal.

Nosso estudo se valeu, neste próximo capítulo, de obras jurídicas com publicações em editoras sem qualquer vinculação doutrinária religiosa. Tratam-se de produções científicas que constam, inclusive, em dissertações de mestrado, com apresentação de ampla casuística. Casos concretos em que tais provas documentais cumpriram o crivo rígido próprio da Ciência Jurídica e foram incorporadas aos autos processuais.

3.2 Casos concretos de psicografias aplicadas aos processos criminais no Direito brasileiro

Aqui, selecionamos alguns processos sobre os quais daremos detalhes, inclusive acerca da Vara em que tramitaram, bem como elementos identificadores, para que os interessados em aprofundar seus estudos possam encontrá-los. Na introdução, destacamos somente alguns casos, pois apenas sobre perícias grafotécnicas há uma vasta obra do perito Dr. Carlos Augusto Perandrea, que, por sua vez, reconheceu mais de quatrocentos casos concretos de documentos psicografados.

Sem maiores delongas, iniciaremos essa discussão pelo caso *Ercy da Silva Cardoso,* extraído da dissertação de mestrado de Michele Ribeiro de Melo. Trata-se de um tabelião que foi morto dentro de sua casa por disparo de dois projéteis de arma de fogo na cidade de Viamão, no Rio Grande do Sul, em julho de 2003. Foram acusados no processo como autores do fato Iara Marques Barcelos, que tivera um relacionamento amoroso com a vítima, e Leandro Rocha Almeida, caseiro da vítima.

Durante as apurações, mediante inquérito policial, o caseiro teve sua prisão decretada e confessou que o crime teria sido praticado por um homem conhecido como Pitoco, contatado pelo próprio. Acrescentou, ainda, que a mandante era Iara Barcelos, que, na verdade, o contratara para dar um susto na vítima. Contudo, Leandro chamou Pitoco para a tarefa, que acabou resultando na morte do tabelião. Iara negou qualquer participação. Ambos foram pronunciados e levados a julgamento no Tribunal do Júri.

Já no processo judicial, por outro lado, Leandro negou qualquer participação de Iara, bem como a existência de Pitoco. Ele alegou que essa história era fruto da sua imaginação, pois teria sido agredido duramente o inquérito pela polícia para confessar e envolver Iara no caso. A condenação proferida contra Leandro determinou uma pena de 15 anos e seis meses de prisão.

Duas cartas psicografadas foram apresentadas na tese de defesa de Iara. Eram cartas da vítima, Ercy, escritas através das mãos de Jorge José Santa Maria, da cidade de Porto Alegre. Na carta endereçada ao marido de Iara, em de 22 de fevereiro de 2005, a vítima relata o seguinte:

"(...) o que mais me pesa no coração é ver Iara acusada deste jeito, por mentes ardilosas como as dos meus algozes. Por isso tenho estado triste e oro diariamente em favor de nossa amiga, para que a verdade prevaleça e a paz retorne aos nossos corações." (MELO, 2013, p. 194)

Acusada, Iara foi submetida a julgamento pelo Júri Popular, sendo absolvida por cinco votos a dois. O Ministério Público e a assistência da acusação apelaram alegando nulidade do feito, pois um dos sete jurados era suspeito e, ademais, haveria falsidade do meio de prova psicografada utilizada em Plenário. A 1ª Câmara de Julgamento negou seguimento ao recurso, e o relator, o Dr. Desembargador Manuel José Martinez Lucas, avaliou que as provas de autoria não justificavam anular a decisão soberana do Júri e que a prova psicografada não era ilícita, pois:

"(...) tenho que a elaboração de uma carta supostamente ditada por um espírito e grafada por um médium não fere qualquer preceito legal. Pelo contrário, encontra plena guarida na própria Carta Magna, não se podendo incluí-la entre as provas obtidas por meios ilícitos de que trata o art. 5º, LVI da mesma Lei Maior." (MELO, 2013, p. 195)

Até 2013, ano de conclusão do trabalho de Melo, não havia sido concluído o caso concreto, pois, mesmo assim, o Ministério Público recorreu da referida decisão.

Ao nosso sentir, foi devida a avaliação do desembargador, por não negar a ciência apresentada na prova. Esta, na verdade, cumpriu os requisitos de licitude como qualquer outra prova documental juntada ao processo judicial. Não aceitá-la, sim, em sentido oposto, seria uma limitação ao contraditório e ampla defesa.

O segundo caso concreto que abordaremos ocorreu na cidade de Ourinhos, interior do estado de São Paulo. Esclarecemos ao leitor que o fato ocorreu em 22 de abril de 1997. Infelizmente, os processos criminais, no Brasil, não são concluídos com a celeridade desejada.

Esse caso também foi avaliado na mesma dissertação de mestrado mencionada anteriormente. A vítima foi alvejada por vários disparos, vindo a falecer no bar em que se encontrava com amigos. Após investigações, a autoria seguiu desconhecida. Ocorreu que, a partir de uma prisão decretada em outro processo, surgiram informações sobre o caso. Um sujeito denominado Valdinei Aparecido Ferreira confessou haver contratado Edmilson da Rocha e Jair

Felix da Silva para executarem o crime. Disse, ainda, que o mandante do crime era Milton dos Santos, irmão da esposa da vítima.

Em juízo, Valdinei negou a participação de Milton. Alegou que, acusando-o, pretendia extorqui-lo. O processo foi desmembrado em relação a Valdinei, e ele foi condenado a 15 anos de reclusão.

No caso, observamos que o advogado recebeu mensagem psicografada, em que a vítima inocentava Milton e pedia perdão à família pelos erros praticados ao longo da sua vida. Vejamos o trecho retirado da dissertação de mestrado de Melo:

"Estou na condição de homem que se defronta com sua própria consciência e se vê na obrigação de atenuar o mal que, aos poucos, vai se consumando, sem que eu possa estar no corpo físico para falar por mim mesmo, defendendo o Milton dos imperativos da justiça terrena, que parecem conspirar contra a paz de nossos familiares." (MELO, 2013, p. 192)

Outro caso concreto ocorreu na cidade de Anápolis, Goiás, envolvendo o casal Rosimeire Alves Santana e Previsto Alves de Lima. No dia 24 de fevereiro de 2000, houve um assalto praticado por Januário Coelho Guimarães. O casal foi abordado e levado para local ermo. Lá, com disparos de arma de fogo, Januário tirou a vida de Rosimeire e Previsto. As penas desse autor já somavam mais de 42 anos por outros crimes cometidos. O réu foi condenado por duplo homicídio. Alertou que o agenciador do crime era seu primo Jair e que o mandante do crime era Ruy, ambos empresários de Anápolis.

Esse processo ainda não foi concluído, mas, durante a instrução processual contra Ruy, eis que é apresentada carta psicografada inocentando-o, escrita pela vítima Rosimeire. Vejamos seu teor: "Em sua consciência reta e digna, você sabe que não deve o que lhe acusam, e tenho sofrido muito com essa situação. Gostaria muito que meus pais e a Justiça aceitassem minhas palavras, mesmo sabendo que elas agora serão de testemunho" (MELO, 2013, p. 193).

Como podemos observar, os fatos são recentes e inovam nos tribunais brasileiros. Não é nossa proposta apresentar uma relação exaustiva ao autor, mas, sim, enfatizar que o uso de cartas psicografadas é uma prática crescente e difundida nos estados brasileiros simultaneamente. Isso diz muito para aqueles que compreendem a natureza desses fenômenos.

No entanto, não podemos deixar de mencionar a grande colaboração das pesquisas do nosso amigo, militar da reserva do estado de São Paulo, Vladimir Polízio. Seus estudos sobre esse tema não tiveram ainda o destaque merecido; o que é muito natural, devido ao seu caráter inovador. Ele fez cansativa pesquisa e nos apresenta mais casos concretos, alguns dos quais apontaremos doravante.

O primeiro processo pesquisado por Polízio a ser analisado teve lugar na cidade de Mandaguari, estado do Paraná. Heitor Cavalcanti de Alencar Furtado foi indicado como vítima de Aparecido Andrade Branco.

No ano de 1982, na madrugada de uma sexta-feira, dia 22 de outubro, houve um caso de homicídio com grande repercussão envolvendo o deputado federal Heitor Cavalcanti, que, então, tinha seus 26 anos. O acusado de autoria foi o policial Aparecido Branco. No curso do processo, eis que o advogado da defesa, Dr. Cylleneo Pessoa Pereira, com autorização do juiz, apresenta cópia de psicografia escrita noutro estado, em Minas Gerais, na cidade de Uberaba, de autoria do próprio Heitor, que contribuiu para que fosse atribuído o homicídio simples, em vez da forma qualificada. A vítima, entre outros detalhes, diz que:

"O que se seguiu sabem todos: os homens armados chegaram com vozes altas. Acordei surpreendido e notei, mais com a intuição do que com a lógica, que os recém-chegados eram pessoas inofensivas, tão inofensivas que um deles tocou a arma sem saber manejá-la. O projétil me alcançou sem meios-termos e, embora o tumulto que se estabeleceu, guardei a convicção de que o tiro não fora intencional. O olhar ansioso daquele companheiro a desejar socorrer-me sem qualquer possibilidade para isso não me enganava (...) espero que seu ânimo pai amigo prossiga com firmeza para adiante. Vejo-o em companhia de nosso amigo Freitas. Caminhem para a frente, contornando as pedras da marcha sem dinamitá-las, enquanto prossigo aqui na direção da frente, rodeando os obstáculos sem a ideia de eliminá-los de vez." (POLÍZIO, 2009, p. 113)

Não se tratou de absolvição, mas, sim, de redução de pena, pois sabemos que um profissional formado não pode falhar na acuidade mínima do manuseio de armas de fogo.

No entanto, uma ação movida pelo descuido não se confunde com o ânimo intencional de praticar o ato qualificadamente. Portanto, houve proporcionalidade entre a pena e a ação praticada, após a juntada de prova psicografada.

Como ciência em curso, o Direito tem admitido tais documentos por ser instrumento de um Estado laico, não cabendo, portanto, qualquer preconceito de ordem religiosa que impeça uma avaliação que respeite os critérios do ramo científico e seja útil para a sociedade.

Desta feita, encerramos aqui um singelo resumo dos processos criminais identificados no Direito Penal brasileiro. Nosso propósito, com o relato e teor dos processos, foi aproximar o leitor do conteúdo efetivo dos autos judiciais, apresentando a importância e utilidade dos documentos psicografados para a busca da verdade real e, por consequência, a realização da Justiça.

3.3 Avaliação sob o prisma do processo cível no Direito brasileiro

Os casos de psicografias aplicadas aos processos cíveis no Direito brasileiro são menos comuns, contudo, também foram localizados. Para melhor aproveitamento do que se seguirá, elaboramos uma breve introdução.

Sem o emprego de termos próprios do ramo jurídico, apenas nos cabe destacar que o autor intelectual de uma obra tem direitos reservados sobre ela. Ocorre que, por exemplo, uma obra artística gera direito autoral. Um livro, uma pintura, uma música, uma escultura, enfim, qualquer uma dessas produções origina garantia de proteção ao autor intelectual. Tais garantias podem ser de direito de imagem, patentes, exclusividade sobre lucros decorrentes de comercializações ou todos os elementos de ordem material ou moral relacionados à obra.

Essas garantias, por vezes, seguem válidas mesmo após a morte do autor, quando o direito passa aos sucessores. Nesse caso, as obras artísticas que continuam sendo comercializadas passam a integrar o patrimônio material daqueles que denominaremos herdeiros. Além disso, há certa proteção sobre o nome daquele que foi a óbito, não podendo ser utilizado indevidamente por terceiros em respeito à sua memória.

Veremos, em capítulo próprio, obras reconhecidas pela Academia Brasileira de Letras, editadas e criadas intelectualmente após o término da vida corpórea de seus autores, em que se mantém um princípio inteligente individualizado. Contudo, aqui, neste item, nosso propósito é avaliar casos levados aos tribunais e os conceitos e definições envolvidos.

Nesse sentido, trataremos, aqui, de caso concreto, em que a família solicitou, na via judicial, reparação, proteção e direitos sucessórios decorrentes de obra cuja autoria intelectual foi reconhecida pela ciência literária, ainda que sua criação tenha ocorrido após sua morte física. Trata-se do processo emblemático envolvendo aquele que ocupou uma cadeira da Academia Brasileira de Letras em 1919: Humberto de Campos. O caso é do ano de 1944 e é um excelente exemplo didático para nosso estudo.

Reflexões científicas e espirituais

Para a avaliação dessa ação judicial, nos valeremos do esforço das pesquisas da Dr.ª Renata Soltanovitch, mestra pela PUCSP. Na obra intitulada *Direitos Autorais e a Tutela de Urgência na Proteção da Obra Psicografada*, a mestra nos apresenta a ação judicial interposta pelos herdeiros do escritor: sua viúva e filhos.

Em suma, na petição inicial do processo judicial foi requerido alternativamente que caso um pedido fosse negado, outro fosse reconhecido, e com critérios bem definidos em ambas as hipóteses: (1) caso fosse negada a autoria intelectual das obras criadas após a morte fisiológica do autor Humberto de Campos através de um intermediário, que o juízo condenasse penalmente os plagiadores intermediários, bem como proibisse sua publicação literária, além do pagamento de perdas e danos. Por outro lado, (2) caso fosse comprovado no processo judicial ser realmente obra intelectual de Humberto de Campos após sua morte física, deveria ser feito o devido reconhecimento de direitos autorais sob os pontos de vista literário e econômico, reconhecendo o direito aos familiares sucessórios sobre a livre bagagem literária, bem como sanções as já publicações realizadas pelos intermediários das obras por ausência de autorização da família.

Em última análise, se o Poder Judiciário concluísse não se tratar de Humberto de Campos após todo o devido crivo pericial da justiça, que fossem proibidas as publicações, condenando como plagiadores os divulgadores. E ainda mais, que fosse a família indenizada por perdas e danos. Já, em sentido oposto, caso o mesmo fosse efetivamente reconhecido como autor, que a família fosse indenizada amplamente sobre os direitos sucessórios e hereditários de Humberto de Campos.

Em sentença de primeiro grau, o juiz avaliou que:

"Nossa legislação protege a propriedade intelectual em favor dos herdeiros até certo limite de tempo após a morte, mas o que considera, para esse fim, como propriedade intelectual são as obras produzidas pelo 'de cujus' em vida. O direito a estas é que se transmite aos herdeiros. Não pode, portanto, a suplicante pretender direitos autorais sobre supostas produções literárias atribuídas ao 'espírito' do autor." (SOLTANOVITCH, 2012, p. 41)

Registra a mesma autora que não há matéria em Direito Internacional de proteção pacificada a obras de tal natureza. O Brasil foi vanguarda no tema diante dos tribunais.

Em capítulo próprio, avaliaremos o imenso número de obras reconhecidas pela Academia Brasileira de Letras como criação de autores após suas mortes físicas, bem como o crivo próprio científico da literatura para essa caracterização.

Diante de profundos debates relacionados aos direitos autorais, foi gerado processo legislativo voltado a sanar ou nortear os casos concretos. Falamos aqui da Lei 9610/1998 art. 7º, que nos diz:

"São obras intelectuais protegidas as criações do espírito, expressas por qualquer meio ou fixadas em qualquer suporte, tangível ou intangível, conhecido ou que se investe no futuro, tais como: I – os textos de obras literárias, artísticas ou científicas (...)." (SOLTANOVITCH, 2012, p. 46)

Portanto, a interpretação atual, literalmente expressa em lei, considera como autor o espírito. Compreende-se este como uma inteligência individualizada, mantenedora de identidade própria, independente do estado do corpo físico, afastando qualquer direito do intermediário da mensagem intelectual, que não passa de mero veículo.

Doravante, observaremos que tais fenômenos – ainda pouco esclarecidos quanto à sua origem, mas que produzem resultados comprováveis pela ciência experimental – não se resumem ao Estado brasileiro, tampouco à América Latina; avança para a América do Norte e também para outros continentes, como observaremos em trabalhos do continente europeu.

CAPÍTULO 04
Dos Intermediários Externadores no Apoio às Ações Policiais pelo Mundo

Este tópico nos auxilia na compreensão do fenômeno além das fronteiras brasileiras. Alguns desses locais, em determinadas proporções, são mais abertos à aplicabilidade desses documentos, na medida em que dispensa certas formalidades, como laudos grafotécnicos, para a sua utilização, importando mais a utilidade do conteúdo do que propriamente o crivo quanto à autenticidade de sua origem.

Compreenderemos a suma importância do fenômeno no apoio ao trabalho policial em países do exterior, convalidando sua veracidade e credibilidade pelo seu resultado, seja na localização de armas do crime, corpos físicos e demais indícios correlatos ao emprego da Justiça.

4.1 Introdução sobre o tema: avaliando as limitações no Brasil

Em que pese o Brasil ter sido vanguarda em dadas matérias, como avaliamos anteriormente, neste aspecto, ainda guarda maior resistência. Identificamos aproximação significativa entre ciência e espiritualidade, mas ainda com um crivo muito rígido para o seu reconhecimento e utilização. Há aplicabilidade no campo judicial, mas não no inquérito prévio realizado pelos órgãos de polícia ou pelo Ministério Público.

Nosso núcleo de aplicação ainda está muito subordinado ao rígido cuidado com a autenticidade e o exame de autoria. Isso ainda é necessário para o entendimento metodológico racional no sentido de afastar mistificações; por outro lado, não deveria repelir os benefícios decorrentes das investigações. O preconceito ou desconhecimento não deve retirar resultados de produtos científicos úteis.

Para esclarecer e reforçar o capítulo correlato aos laudos grafotécnicos no Brasil, é oportuno, neste tema, remetermos à fala do Dr. Carlos Augusto Perandréia, professor da Faculdade de Direito de Londrina, no Paraná, e especialista em exames e grafismos, que vêm a ser os caracteres particulares da escrita de cada indivíduo. Ele era um grafotécnico há quase cinquenta anos a serviço do Poder Judiciário quando foi consultado sobre psicografia. Localizamos a fonte da entrevista na obra *A Psicografia no Tribunal*, de Vladimir Polízio, que assim nos diz:

Reflexões científicas e espirituais

"Primeira pergunta: Como é o trabalho dos grafoscopistas aliado à Justiça em caso de cartas psicografadas? Primeiramente, torna-se necessário relembrar que os trabalhos dos grafotécnicos no Judiciário, ordinariamente, diz respeito aos dois tipos de exames técnicos já citados: exame de autenticidade e exame de autoria gráfica dos manuscritos questionados. No entanto, desconhecemos qualquer trabalho técnico-científico de grafoscopia, em forma de laudo pericial, abordando mensagens ou cartas psicografadas, elaborado para servir de prova no Judiciário." (POLÍZIO, 2009, p. 143)

A importância está no teor científico do documento, sem qualquer distinção preconceituosa decorrente de origem. Se for devidamente comprovado o conteúdo da prova por seus manuscritos e, por conseguinte, o exame de autoria e autenticidade resultarem favoráveis, esse conjunto é que designará a juntada ao processo judicial, cabendo ao juiz, num segundo momento, sua valoração no processo penal ou civil.

Mas essa pequena introdução serve para nos auxiliar na diferenciação dos casos de apoio ao trabalho policial em países do exterior. Neles, não é necessária essa etapa prévia de autoria e autenticidade, como veremos.

Em nossa percepção, essa rigidez na cultura Brasileira não se pode afastar da profunda herança da tradição religiosa plantada no Brasil, que, por sua vez, gerou no subconsciente coletivo uma predisposição ao ceticismo daquilo que não tem origem na dogmática da Igreja Católica Apostólica Romana quando o tema é espiritualidade.

É do conhecimento amplo os dogmas envolvidos em inúmeras religiões e que devem ser respeitados sempre. Representam e refletem necessidades recíprocas e contextuais. Neste aspecto, em maior grau o Catolicismo no Brasil, pelo próprio processo de colonização Jesuítica europeia no país com todo um conjunto pedagógico perante as Tribos Indígenas mediante imposição de dogmas e novas culturas. Com isso, cultivamos, praticamente, uma metodologia de aceitação rígida ainda em desenvolvimento. Metodologia esta que se assemelha ao criterioso processo canônico, por exemplo, de comprovação de milagres da Igreja Católica Apostólica Romana. Em dada medida, esse processo é muito útil, por partir da dúvida e separar misticismos, mas, por outro lado, restringe avanços, pois os limita ao aval de sacerdotes que se fundamentam num método científico restrito e incompleto para a compreensão de fenômenos extrassensoriais mais complexos.

4.2 Analisando o tema nos Estados Unidos da América e Reino Unido

Ocorre, portanto, que, noutros países que também estão aproximando ciência e espiritualidade, independentemente do rótulo, há um cenário ainda mais aberto para o desenvolvimento desse conhecimento. Indo ao cerne da questão, há situações em que a autoria e a forma são secundárias. O que mais importa é a substância, a informação, aquilo que pode ajudar na localização de elementos úteis para a solução dos crimes, como armas, corpos, vestígios, locais e toda a natureza de elementos que auxiliem o trabalho social da polícia.

Doravante, avançaremos para uma abordagem sintética desses casos concretos. Primeiramente, chamaremos simplesmente de "IE" a figura do intermediário externador que acompanhará a polícia. Esse intermediário é dotado de uma capacidade não conhecida em profundidade necessária no meio científico de nossos dias, mas que, por sua vez, gera um efeito cientificamente comprovado no deslinde de conflitos humanos complexos. Sobre isso, aprofundaremos mais os efeitos do que a causa propriamente dita, pois ela se encontra no limite da ciência experimental própria do momento histórico atual.

4.3 Casos concretos envolvendo investigações policiais no exterior

Começaremos com casos pesquisados pela mestra Ribeiro de Melo no livro *Psicografia e Prova Judicial* (2013). Relata a autora que, nos Estados Unidos, no Texas, a "IE" Sally Headding é utilizada para auxiliar nas investigações dos casos de crimes mais complexos e de difícil resolução. A Drª. Headding é Ph.D pela Universidade de Berkeley, Califórnia, formada em Psicologia Clínica. Tem trabalhado há cerca de 30 anos juntamente com a polícia. Ela conta que visualiza as cenas dos crimes e também consegue ter percepção de emoções das vítimas. Mas de que valeria sua palavra para a ciência experimental, apesar de seus títulos? De nada, não fossem os fatos que passaremos a avaliar.

Como mencionamos, esse tema terá um caráter experimental quanto ao efeito do trabalho realizado juntamente ao apoio policial, pois, diferentemente dos manuscritos que admitem laudos periciais, nesse foco, a ciência experimental ocorrerá mediante a localização dos elementos de prova relacionados aos fatos necessários ao esclarecimento das denúncias. Denúncias essas que geraram inquéritos. Importa destacarmos que constam inúmeros casos concretos disponíveis para consulta, tanto processos judiciais quanto os inquéritos policiais correlatos.

A título de amostragem, destacaremos aqui seu primeiro caso de auxílio investigativo. Em 1974, Headding assistia a um programa de televisão que mostrava uma reportagem sobre a morte de uma jovem de maneira extremamente traumática. A mesma havia sido estrangulada, e não se tinha o menor indício da autoria. A "IE", logo após assistir à notícia, visualizou elementos e compareceu ao departamento de polícia, narrando o seguinte fato: "a jovem do noticiário foi estrangulada e deu riqueza dos detalhes envolvendo toda a execução do crime indo além, apontou o assassino".

No decorrer da apuração, os indícios do crime e da autoria se comprovaram. A partir desse fato, Headding seguiu durante mais de 30 anos dando apoio aos casos complexos quando requerida pela força policial.

Pelo mundo, essa prática não é comum, nem são muitos os casos amplamente conhecidos. No entanto, veremos que, nos EUA, eles ocorrem em percentual significativo nas

Reflexões científicas e espirituais

maiores delegacias. A seguir, trataremos de outras personalidades com a mesma característica de auxílio.

O próximo caso é de Ann Fisher, de Nova York, que, desde 1970, realiza grande trabalho junto ao setor policial daquela localidade. Destacamos o apoio dado por ela às investigações relacionadas a um assassino em série, conforme caso pesquisado na *Revista Ciência Criminal*, constante na obra de Melo (2013). Segundo agentes investigadores, a atuação de Fisher foi indescritível, pois ela, surpreendentemente, conseguiu prever com razoável antecedência quando o assassino atacaria uma nova vítima. Com isso, ele foi detido a tempo.

Mas os casos apontados por Melo (2013) não param por aí. Em Nova Jersey, a polícia conta com Nancy Orlen Weber, que auxilia em casos criminais complexos. Exemplificaremos sua atuação com um caso de um homicídio: uma mulher foi morta a pancadas dentro da sua própria casa. Neste caso, a "IE" conduziu a polícia ao verdadeiro assassino, quando todas as suspeitas recaíam sobre o namorado da vítima.

Tanto no caso de Ann Fisher quanto no de Nancy Orlen Weber, presenciamos pontos em comum: necessidade e utilidade.

Ainda no estado da Flórida, Norren Renier auxiliou autoridades locais e federais em surpreendentes mais de 400 casos. Desde 1988, ela auxilia o FBI a desvendar crimes, inclusive, dá palestras ao Departamento Federal de Investigação dos EUA. Nos Estados Unidos da América, os casos dessa natureza são vastos.

Em Evaston, Chaua, a "IE", atuou em caso de homicídio cuja vítima foi Teresita Basa. A mesma foi morta a facadas e parcialmente queimada em seu apartamento. A polícia não tinha pistas. Ocorreu que, quatro meses após o homicídio, a vítima teria procurado a intermediária em tela, esclarecendo fatos. Ela disse o nome do assassino e afirmou que o motivo do crime fora o roubo de suas joias, relatando o local onde se encontravam as peças roubadas e os detalhes do crime. Com esses elementos, a polícia desvendou o caso; encontrou as joias roubadas em posse do assassino, Allan Showery, que, diante das evidências, confessou o crime.

Esse caso está disponível para aprofundamentos e pesquisas na obra *Psicografia como Meio de Prova,* de André Luís Soares, citado por Melo em sua brilhante pesquisa já mencionada aqui. Para esse riquíssimo caso, a Corte americana admitiu as provas, entendendo não haver qualquer violação ao devido processo legal.

Importa avaliarmos que tal atuação não se resume ao continente americano. Em 1980, no Reino Unido, ocorreu um crime, relatado pelo nobre jornalista Montague Keen (MELO, 2013, p. 198), que chocou a sociedade à época: um homicídio cuja vítima fora uma jovem assassinada em sua própria casa e que não deixara pistas, até que o policial responsável pelo caso visitou uma jovem irlandesa que começou a relatar o crime.

Tratava-se de uma pessoa dotada de faculdade intermediadora, a mesma presente nos casos supracitados. Mediante fenômeno denominado psicofonia, a "IE" revelou pormenores e aproximadamente 150 indícios e pistas ao policial. Nessa ocasião, foram descritos a cena do crime, detalhes de conhecimento pessoal da vítima, como a casa de um amigo, a situação do divórcio pendente, seu estado depressivo, a conduta do assassino e a tatuagem que ele tinha no braço, há quanto tempo a vítima conhecia o criminoso, a reivindicação de um seguro falso, o pulôver que o homicida havia deixado depois do crime em determinada lata de lixo, dentre outros detalhes que impressionaram a polícia, que, por sua vez, investigou e comprovou todos esses elementos.

Quando tais fatores chegaram para julgamento na Corte do Reino Unido, como não havia prova científica material quanto ao critério formal de autenticidade e autoria, o caso foi arquivado. Em 2000, ele foi reaberto, e a ciência, por meio de nova perícia desenvolvida (DNA), identificou sangue do autor no pulôver – que, conforme relato da polícia, só foi localizado na lata de lixo graças à jovem irlandesa –, e o condenou como o assassino. A Corte inglesa, então, passou a aceitar a utilização como prova o DNA extraído do pulôver localizado na lata de lixo como incriminadora, entendendo, dessa forma, que não houve qualquer violação ao princípio do contraditório.

Concluímos este capítulo com dados da pesquisa citada por Ninomia Júnior, que, em sua obra, esclarece que, no ano de 2010, nas 50 maiores delegacias das cidades americanas, 35% delas já utilizavam o auxílio de intermediários – também conhecidos como medianeiros – nas investigações criminais (MELO, 2013, p. 199).

CAPÍTULO 5
Da Ciência Literária. Academia Brasileira de Letras. Obras escritas após a morte de seus autores e reconhecidas pela crítica.

5.1 Conceitos e definições relacionados à Literatura

Neste capítulo, trabalharemos preliminarmente definições e conceitos indispensáveis à mínima compreensão necessária acerca da ciência literária em nível de graduação, concedendo ao leitor não acadêmico de Língua Portuguesa e Literatura Brasileira elementos e ferramentas básicas fundamentais para o entendimento da matéria de fundo que abordaremos.

Iniciaremos pelo conceito da própria palavra literatura. Ela vem a ser um conjunto relacionado à arte da escrita, da poética, da gramática e da retórica. Assim como outros ramos artísticos elevados aos patamares acadêmicos, a literatura respeita uma técnica e ciência próprias.

É importante, de início, termos em mente que, assim como na música clássica, os elementos textuais de grandes ícones da literatura necessitam de uma combinação entre inspiração e muita técnica. Ao analisarmos, em paralelo, a arte musical, temos de respeitar as leis de melodias, harmonias, divisão, ritmo e afins, e, mediante a História da Música, percebemos que, em cada momento histórico, determinado período apresenta suas características próprias. A música medieval, barroca, renascentista, enfim, a arte e seus artistas apresentam características contextuais, método e padrões. Com a Literatura não é diferente.

Passaremos a abordar esse tema com maior propriedade para comprovar que o ato de escrever não é fruto abstrato e geral. Diferentemente da música, em que não são todos que conseguem traçar uma linha melódica agradável e compreensível aos ouvidos, com a escrita literária isso parece possível ao leitor menos atento. Contudo, essa ideia inicial equivocada não se mantém quando se avalia o conjunto de uma obra literária propriamente dita. Poucos a fazem com propriedade. O escrever enquanto arte que perdura no tempo não parte de uma abstração e exclusiva inspiração a esmo, mas, sim, respeita uma característica individualizada e uma técnica própria.

Identificamos, em dicionários da Língua Portuguesa, definições sobre a literatura. Em observação ampla, a definição mais próxima de nosso sentir apresenta a literatura como a arte de compor obras em que a linguagem é usada esteticamente mediante a aplicação de uma língua como meio de expressão. Dessa forma, apresentaremos uma síntese dos períodos da Literatura Brasileira, para, com isso, oferecer aos leitores elementos capazes de expandir a compreensão daquilo que é o objeto de estudo da Literatura.

5.2 Literatura Brasileira: síntese dos períodos e suas características

Importa esclarecer que, mesmo sabendo da existência dos períodos conhecidos como Quinhentismo, Barroco e Arcadismo, nosso primeiro objeto de estudo será a fase seguinte à última aqui mencionada. Avaliaremos o período denominado Romantismo, que sucedeu ao Arcadismo. Isso se deve, em primeiro lugar, ao nosso propósito contextual histórico. Além disso, cabe elucidar que daremos foco a autores ícones em seus períodos e que julgamos de fundamental relevância para a ciência da Literatura Brasileira.

5.2.1 Romantismo e suas características (1836 - 1881)

Esse riquíssimo período da Literatura Brasileira apresentou o predomínio da emoção, do sentimento latente. Permeavam as obras temas como nacionalismo, religiosidade e idealização da mulher. As formas não eram rigorosas, nem mesmo dignas de preocupação. A liberdade criativa era associada a metáforas. Estas nada mais são do que palavras que designam objetos com qualidades de relações semelhantes. Por exemplo, o escritor romântico dizia que tinha chamas vivas em seu coração, relacionando a chama – um objeto ardente e luminoso – aos seus sentimentos.

Basta-nos esclarecer que esse período se subdividiu em três gerações. A primeira década era nacionalista, voltada ao índio e à pátria. Na segunda geração, entre 1850 e 1860, o cerne era a temática da morte, individualista e conhecida por ser ultrarromântica. E, no período compreendido entre 1860 e 1870, temos a terceira geração do Romantismo. Abordaremos essa etapa com maior profundidade, pois ela tem conexão direta com o que pretendemos discutir.

A terceira geração do Romantismo teve como principais temáticas a abolição e a república. Um dos seus autores mais importantes foi Castro Alves, poeta que viveu entre os anos 1847 e 1871 e foi Patrono da Cadeira nº 07 da Academia Brasileira de Letras. Nesse contexto histórico, surge a imprensa no Brasil e há a crise do Segundo Reinado. A abolição da escravidão é gradualmente iniciada com a Lei Eusébio de Queirós, em 1850, seguida pelas leis do Ventre Livre, em 1871, e dos Sexagenários, em 1885, culminando, em 1888, com a Lei Áurea.

As poesias de Castro Alves afluem nesse cenário. Suas obras entraram para a História da Literatura Brasileira, com destaque para *Espumas Flutuantes*, *Vozes d'África* e *O Navio Negreiro*. Daremos maior dedicação a esta última, tendo como objetivo, a partir de sua obra, colher dados mínimos para uma abordagem técnica literária.

A seguir, avaliaremos a obra *O Navio Negreiro*. Essa tarefa exige esforço por sua extensão, contudo, quando compreendido o seu conteúdo muito além da sua forma, a valia é de imensurável benesse. Vejamos sua íntegra:

O Navio Negreiro

I

'Stamos em pleno mar... Doudo no espaço
Brinca o luar — dourada borboleta;
E as vagas após ele correm... cansam
Como turba de infantes inquieta.
'Stamos em pleno mar... Do firmamento
Os astros saltam como espumas de ouro...
O mar em troca acende as ardentias,
— Constelações do líquido tesouro...
'Stamos em pleno mar... Dois infinitos
Ali se estreitam num abraço insano,
Azuis, dourados, plácidos, sublimes...
Qual dos dous é o céu? qual o oceano?...
'Stamos em pleno mar... Abrindo as velas
Ao quente arfar das virações marinhas,
Veleiro brigue corre à flor dos mares,
Como roçam na vaga as andorinhas...
Donde vem? onde vai? Das naus errantes
Quem sabe o rumo se é tão grande o espaço?
Neste saara os corcéis o pó levantam,
Galopam, voam, mas não deixam traço.
Bem feliz quem ali pode nest'hora
Sentir deste painel a majestade!
Embaixo — o mar em cima — o firmamento...
E no mar e no céu — a imensidade!
Oh! que doce harmonia traz-me a brisa!
Que música suave ao longe soa!

Meu Deus! como é sublime um canto ardente
Pelas vagas sem fim boiando à toa!
Homens do mar! ó rudes marinheiros,
Tostados pelo sol dos quatro mundos!
Crianças que a procela acalentara
No berço destes pélagos profundos!
Esperai! esperai! deixai que eu beba
Esta selvagem, livre poesia
Orquestra — é o mar, que ruge pela proa,
E o vento, que nas cordas assobia...
Por que foges assim, barco ligeiro?
Por que foges do pávido poeta?
Oh! quem me dera acompanhar-te a esteira
Que semelha no mar — doudo cometa!
Albatroz! Albatroz! águia do oceano,
Tu que dormes das nuvens entre as gazas,
Sacode as penas, Leviathan do espaço,
Albatroz! Albatroz! dá-me estas asas.

II

Que importa do nauta o berço,
Donde é filho, qual seu lar?
Ama a cadência do verso
Que lhe ensina o velho mar!
Cantai! que a morte é divina!
Resvala o brigue à bolina
Como golfinho veloz.
Presa ao mastro da mezena

Saudosa bandeira acena
As vagas que deixa após.
Do Espanhol as cantilenas
Requebradas de langor,
Lembram as moças morenas,
As andaluzas em flor!
Da Itália o filho indolente
Canta Veneza dormente,
— Terra de amor e traição,
Ou do golfo no regaço
Relembra os versos de Tasso,
Junto às lavas do vulcão!
O Inglês — marinheiro frio,
Que ao nascer no mar se achou,
(Porque a Inglaterra é um navio,
Que Deus na Mancha ancorou),
Rijo entoa pátrias glórias,
Lembrando, orgulhoso, histórias
De Nelson e de Aboukir.. .
O Francês — predestinado —
Canta os louros do passado
E os loureiros do porvir!
Os marinheiros Helenos,
Que a vaga jônia criou,
Belos piratas morenos
Do mar que Ulisses cortou,
Homens que Fídias talhara,
Vão cantando em noite clara
Versos que Homero gemeu ...

Nautas de todas as plagas,
Vós sabeis achar nas vagas
As melodias do céu! ...

III

Desce do espaço imenso, ó águia do oceano!
Desce mais ... inda mais... não pode olhar humano
Como o teu mergulhar no brigue voador!
Mas que vejo eu aí... Que quadro d'amarguras!
É canto funeral! ... Que tétricas figuras! ...
Que cena infame e vil... Meu Deus! Meu Deus!
Que horror!

IV

Era um sonho dantesco... o tombadilho
Que das luzernas avermelha o brilho.
Em sangue a se banhar.
Tinir de ferros... estalar de açoite...
Legiões de homens negros como a noite,
Horrendos a dançar...
Negras mulheres, suspendendo às tetas
Magras crianças, cujas bocas pretas
Rega o sangue das mães:
Outras moças, mas nuas e espantadas,
No turbilhão de espectros arrastadas,
Em ânsia e mágoa vãs!
E ri-se a orquestra irônica, estridente...

E da ronda fantástica a serpente
Faz doudas espirais...
Se o velho arqueja, se no chão resvala,
Ouvem-se gritos... o chicote estala.
E voam mais e mais...
Presa nos elos de uma só cadeia,
A multidão faminta cambaleia,
E chora e dança ali!
Um de raiva delira, outro enlouquece,
Outro, que martírios embrutece,
Cantando, geme e ri!
No entanto o capitão manda a manobra,
E após fitando o céu que se desdobra,
Tão puro sobre o mar,
Diz do fumo entre os densos nevoeiros:
"Vibrai rijo o chicote, marinheiros!
Fazei-os mais dançar!..."
E ri-se a orquestra irônica, estridente...
E da ronda fantástica a serpente
Faz doudas espirais...
Qual um sonho dantesco as sombras voam!...
Gritos, ais, maldições, preces ressoam!
E ri-se Satanás!...

V

Senhor Deus dos desgraçados!
Dizei-me vós, Senhor Deus!
Se é loucura... se é verdade

Tanto horror perante os céus?!
Ó mar, por que não apagas
Co'a esponja de tuas vagas
De teu manto este borrão?...
Astros! noites! tempestades!
Rolai das imensidades!
Varrei os mares, tufão!
Quem são estes desgraçados
Que não encontram em vós
Mais que o rir calmo da turba
Que excita a fúria do algoz?
Quem são? Se a estrela se cala,
Se a vaga à pressa resvala
Como um cúmplice fugaz,
Perante a noite confusa...
Dize-o tu, severa Musa,
Musa libérrima, audaz!...
São os filhos do deserto,
Onde a terra esposa a luz.
Onde vive em campo aberto
A tribo dos homens nus...
São os guerreiros ousados
Que com os tigres mosqueados
Combatem na solidão.
Ontem simples, fortes, bravos.
Hoje míseros escravos,
Sem luz, sem ar, sem razão...
São mulheres desgraçadas,
Como Agar o foi também.

Reflexões científicas e espirituais

Que sedentas, alquebradas,
De longe... bem longe vêm...
Trazendo com tíbios passos,
Filhos e algemas nos braços,
N'alma — lágrimas e fel...
Como Agar sofrendo tanto,
Que nem o leite de pranto
Têm que dar para Ismael.
Lá nas areias infindas,
Das palmeiras no país,
Nasceram crianças lindas,
Viveram moças gentis...
Passa um dia a caravana,
Quando a virgem na cabana
Cisma da noite nos véus ...
... Adeus, ó choça do monte,
... Adeus, palmeiras da fonte!...
... Adeus, amores... adeus!...
Depois, o areal extenso...
Depois, o oceano de pó.
Depois no horizonte imenso
Desertos... desertos só...
E a fome, o cansaço, a sede...
Ai! quanto infeliz que cede,
E cai p'ra não mais s'erguer!...
Vaga um lugar na cadeia,
Mas o chacal sobre a areia
Acha um corpo que roer.
Ontem a Serra Leoa,

A guerra, a caça ao leão,
O sono dormido à toa
Sob as tendas d'amplidão!
Hoje... o porão negro, fundo,
Infecto, apertado, imundo,
Tendo a peste por jaguar...
E o sono sempre cortado
Pelo arranco de um finado,
E o baque de um corpo ao mar...
Ontem plena liberdade,
A vontade por poder...
Hoje... cúm'lo de maldade,
Nem são livres p'ra morrer...
Prende-os a mesma corrente
— Férrea, lúgubre serpente —
Nas roscas da escravidão.
E assim zombando da morte,
Dança a lúgubre coorte
Ao som do açoute... Irrisão!...
Senhor Deus dos desgraçados!
Dizei-me vós, Senhor Deus,
Se eu deliro... ou se é verdade
Tanto horror perante os céus?!...
Ó mar, por que não apagas
Co'a esponja de tuas vagas
Do teu manto este borrão?
Astros! noites! tempestades!
Rolai das imensidades!
Varrei os mares, tufão!...

VI

Existe um povo que a bandeira empresta
P'ra cobrir tanta infâmia e cobardia!...
E deixa-a transformar-se nessa festa
Em manto impuro de bacante fria!...
Meu Deus! meu Deus! mas que bandeira é esta,
Que impudente na gávea tripudia?
Silêncio. Musa... chora, e chora tanto
Que o pavilhão se lave no teu pranto!...
Auriverde pendão de minha terra,
Que a brisa do Brasil beija e balança,
Estandarte que a luz do sol encerra
E as promessas divinas da esperança...
Tu que, da liberdade após a guerra,
Foste hasteado dos heróis na lança
Antes te houvessem roto na batalha,
Que servires a um povo de mortalha!...
Fatalidade atroz que a mente esmaga!
Extingue nesta hora o brigue imundo
O trilho que Colombo abriu nas vagas,
Como um íris no pélago profundo!
Mas é infâmia demais!... Da etérea plaga
Levantai-vos, heróis do Novo Mundo!
Andrada! arranca esse pendão dos ares!
Colombo! fecha a porta dos teus mares!
(FERNANDES, 2010, pág.02)

O leitor comum, a partir da análise, interpreta os fatos apontados pelo sujeito como uma narrativa realista. Contudo, o leitor crítico em Literatura Brasileira vai além dessa apreciação superficial e também aprofunda características técnicas. Assim entendemos que:

"O poema *O Navio Negreiro*, de António de Castro Alves, parece aludir não só a temáticas românticas tais como a liberdade do homem, como também ao tratamento profundamente sensorial e emotivo da natureza. Diversificando a forma ao longo do extenso poema, o poeta privilegia as sextilhas e os decassílabos, fazendo alternar métricas mais breves e mais longas. Dividido em seis secções distintas, e de extensão diversa, o poema vai de uma visão do ambiente envolvente para o interior do navio negreiro para, finalmente, terminar com uma crítica severa à nação que permite actos tão infames quanto a escravidão." (FERNANDES, 2010, p.01).

Essa apreciação científica literária permite ir além quanto às suas características individuais no que tange à forma. Como falamos na abertura deste capítulo, nesse ramo artístico – assim como na música –, a distribuição dos elementos – neste caso, das palavras – obedecem a um critério harmônico.

Passaremos agora a analisar outra obra de Castro Alves, mas, para tanto, primeiro avaliaremos com critério objetivo a fonte de nossas informações. O intermediário externador que será estudado a seguir teve inúmeras obras psicografadas periciadas pelo Dr. Carlos Perandrea, já destacado aqui, superando o número de 300 casos. Trata-se de Francisco Cândido Xavier, que, na sua obra *Parnaso de AlémTúmulo*, apresenta textos de mais de 56 autores distintos, mantendo a individualidade de cada um deles, conforme atestado por avaliação científica literária. Esclarecemos também que Chico não possuía qualquer formação acadêmica.

Antes de abordarmos o texto literário produzido por Castro Alves após sua morte física, destacamos o artigo acadêmico *Complicações de uma estranha autoria*, de Alexandre Caroli Rocha, da Universidade Federal de Juiz de Fora, que trata da capacidade do intermediário externador e faz referência, além da obra do *Parnaso de Além-Túmulo*, a textos atribuídos a Humberto de Campos por meio de Xavier:

"Este estudo permite a identificação de pontos importantes suscitados pela configuração autoral sustentada por Chico Xavier e por seus editores, segundo a qual o médium é o autor empírico, mas não o autor intelectual dos textos. Vimos que não é pertinente a pressuposição de que, por meio apenas de fatores textuais, seja possível autenticar ou refutar a alegação do médium. Mostramos que os textos colocam à tona a discussão a respeito do *post-mortem*, tema que, nos ambientes acadêmicos, costuma ser relegado a domínios metafísicos ou religiosos. Concluímos, pois, que os veredictos taxativos para a identificação do autor são possíveis somente com a assunção de uma determinada teoria sobre o post-mortem ou sobre o fenômeno mediúnico."

No referido trabalho, há uma abordagem vinculada eminentemente a uma problemática fática posta: como é possível que textos de 56 autores extremamente letrados tenham sido escritos por um indivíduo com apenas grau primário?

Neste sentido, na época, muitos foram os artigos em que integrantes da Academia Brasileira de Letras reconheceram textos escritos após a morte de seus colegas de cadeira. Valida-se o produto, contudo, a causa original gera problemática aberta pelo seu desconhecimento.

Em outra passagem do mesmo artigo citado, afirma-se que:

"Quem leia durante sessenta dias, noite e dia, dia e noite, apenas Euclides da Cunha, escreverá no estilo de Euclides sem notável esforço, sem fazer uma ginástica mental muito dura. A mesma coisa acontece com quem leia Machado de Assis, com quem leia Castro Alves. Quanto mais pessoal for o escritor, tanto mais facilmente ele poderá ser imitado. Mas a imitação exige, sem dúvida, qualidades de inteligência, um bom fundo de cultura, lógica na escolha dos assuntos e na exposição das ideias, em suma, uma certa consciência dos valores literários – e digo isto falando apenas na imitação intencional, que se argui contra o Sr. Francisco Cândido Xavier, aliás Chico Xavier. E por essas mesmas razões declaro que, se Chico Xavier é um embusteiro, é um embusteiro de talento. Para um homem que fez apenas o curso primário, sua riqueza vocabular é surpreendente. Sua facilidade de imitar seria um dom excepcionalíssimo, porque ele não imita apenas Humberto de Campos,

Reflexões científicas e espirituais

mas Antero de Quental, Alphonsus de Guimarães, Artur Azevedo, Antonio Nobre etc. [...]. Quem negar Chico Xavier como médium estará fazendo o seu elogio como pastichador." (MAGALHÃES JÚNIOR, 1944, *apud* TIMPONI, 1978, p. 340-341)

Tecidas as referidas introduções, acrescentamos o fato de que a obra *Parnaso de Além-Túmulo* foi publicada no ano de 1932, e Xavier nasceu em 1910; portanto, escreveu mais de 250 poesias distribuídas em 56 características individualizadas de autores de renome, tudo isso com menos de 22 anos de idade.

Vencido, então, o caráter metodológico quanto à fonte, passaremos a avaliar a obra *Marchemos!*, cuja autoria foi atribuída a Castro Alves após sua morte:

Marchemos!

Há mistérios peregrinos
No mistério dos destinos
Que nos mandam renascer;
Da luz do Criador nascemos,
Múltiplas vidas vivemos,
Para à mesma luz volver.

Buscamos na Humanidade
As verdades da Verdade,
Sedentos de paz e amor;
E em meio aos mortos-vivos

Somos míseros cativos
Da iniqüidade e da dor.

É a luta eterna e bendita,
Em que o espírito se agita
Na trama da evolução;
Oficina onde a alma presa
Forja a luz, forja a grandeza
Da sublime perfeição.

É a gota d'água caindo
No arbusto que vai subindo,
Pleno de seiva e verdor;
O fragmento do estrume,
Que se transforma em perfume
Na corola de uma flor.

A flor que, terna, expirando,
Cai ao solo fecundando
O chão duro que produz,
Deixando um aroma leve
Na aragem que passa breve,
Nas madrugadas de luz.

É a rija bigorna, o malho,
Pelas fainas do trabalho,
A enxada fazendo o pão;
O escopro dos escultores
Transformando a pedra em flores,

Em Carraras de eleição.

É a dor que através dos anos,
Dos algozes, dos tiranos,
Anjos puríssimos faz,
Transmutando os Neros rudes
Em arautos de virtudes,
Em mensageiros de paz.

Tudo evolui, tudo sonha
Na imortal ânsia risonha
De mais subir, mais galgar;
A vida é luz, esplendor,
Deus somente é o seu amor,
O universo é o seu altar.

Na Terra, às vezes se acendem
Radiosos faróis que esplendem
Dentro das trevas mortais;
Suas rútilas passagens
Deixam fulgores, imagens,
Em reflexos perenais.

É o sofrimento do Cristo,
Portentoso, jamais visto,
No sacrifício da cruz,
Sintetizando a piedade,
E cujo amor à Verdade
Nenhuma pena traduz.

É Sócrates e a cicuta,
É César trazendo a luta,
Tirânico e lutador;
É Cellini com sua arte,
Ou o sabre de Bonaparte,
O grande conquistador.

É Anchieta dominando,
A ensinar catequizando
O selvagem infeliz;
É a lição da humildade,
De extremosa caridade
Do pobrezinho de Assis.

Oh! Bendito quem ensina,
Quem luta, quem ilumina,
Quem o bem e a luz semeia
Nas fainas do evolutir;
Terá a ventura que anseia
Nas sendas do progredir.
Uma excelsa vos ressoa,
No universo inteiro ecoa:
Para a frente caminhai!
O amor é a luz que se alcança,
Tende fé, tende esperança,
Para o Infinito marchai!

Essa obra foi profundamente analisada à época por críticos literários; por exemplo, na primeira página do Suplemento Literário do *Estado de São Paulo* de 04 de julho de 1971 (ano 15, nº 727). Também no mesmo período saiu uma série de três artigos intitulados "Chico Xavier e Castro Alves", publicados em *O Liberal*, de Americana, estado de São Paulo, em 30 de dezembro de 1971 e 15 de janeiro de 1972. Nessas publicações, grandes referências em crítica literária do país avaliaram os versos de Castro Alves trazidos à luz pelo intermediário externador, afirmando, entre outras coisas, "como poderá o próprio leitor observar, em todos os poemas mediúnicos existem pelo menos quatro dos trinta monossílabos que provam, de modo categórico, tratar-se do espírito do cate condoreiro". (Chamie e Faé *apud* Xavier, Parnaso, 2010 pág.345 e 346). Apontaram, também, características como as expressões metafóricas sombra, lodo, porvir, augusto, os verbos rugir e brilhar, além dos monossílabos apontados em análise de Mário Chamie. Créditos também de Walter José Faé nas avaliações criteriosas.

Dessa forma, concluímos, mediante breve apanhado, o estudo acerca do ocupante da Cadeira número 07 da Academia Brasileira de Letras. Agora, avaliaremos o período seguinte.

5.2.2 Parnasianismo e suas características (1882 - 1893)

O período que estudaremos valorizou muito a forma como característica principal da poesia. Essa geração tinha por finalidade a busca de sentido para a existência humana por meio da perfeição estética. Marcou o período a qualidade da denominada arte pela arte. O movimento compreendia que a busca do artista deveria ser neutra, captando o campo de ideias voltadas para si mesmas, desprovidas de sentimentalismos. Nessa fase histórica, os artistas apresentavam uma espécie de frieza sentimental, ao passo que o rigor técnico era muito elevado. Enquanto abordagem científica, isso, para nós, é muito importante, para a identificação das obras que virão a seguir.

Nesse período, portanto, estão presentes elementos como objetivismo, universalismo, cientificismo, positivismo, temas baseados na realidade, busca da perfeição, culto à forma, metrificação, versificação, utilização de rimas ricas e palavras raras, preferência por estruturas fixas (soneto) e descrição visual detalhada.

A parir dessas breves linhas contextualizadoras, passaremos a estudar o autor de maior referência desse período: Olavo Brás Martins dos Guimarães Bilac, reconhecido como príncipe dos poetas brasileiros. Em sua biografia, identificamos que foi jornalista, tradutor, poeta e um dos fundadores da Academia Brasileira de Letras. O Hino à Bandeira do Brasil tem letra de Olavo Bilac. Suas obras são muito reconhecidas não apenas no Brasil.

O referido príncipe dos poetas brasileiros cursou Direito e Medicina, não encontrando nessas ciências sua vocação. Como fundador da Academia Brasileira de Letras, despontou com sua obra *Profissão de Fé*, a qual passaremos a abordar:

Profissão de Fé

Não quero o Zeus Capitolino,
Hercúleo e belo,
Talhar no mármore divino
Com o camartelo.
(...)

Invejo o ourives quando escrevo:
Imito o amor
Com que ele, em ouro, o alto relevo
Faz de uma flor.
(...)

Quero que a estrofe cristalina,
Sobrada ao jeito
Do ourives, saia da oficina
Sem um defeito:
(...)

Porque o escrever — tanta perícia,
Tanta requer,
Que ofício tal... nem há notícia
De outro qualquer.
Assim procedo. Minha pena
Segue esta norma,
Por te servir, Deusa serena,
Serena Forma!

Deusa! A onda vil, que se avoluma
De um torvo mar,
Deixa-a crescer; e o lodo e a espuma
Deixa-a rolar!

(...)

Não morrerás, Deusa sublime!
Do trono egrégio
Assistirás intacta ao crime
Do sacrilégio.

E, se morreres porventura,
Possa eu morrer
Contigo, e a mesma noite escura
Nos envolver!

(...)

Vive! que eu viverei servindo
Teu culto, e, obscuro,
Tuas custódias esculpindo
No ouro mais puro.

Celebrarei o teu ofício
No altar: porém,
Se inda é pequeno o sacrifício,
Morra eu também!

Caia eu também, sem esperança,
Porém tranquilo,
Inda, ao cair, vibrando a lança,
Em prol do Estilo!

Aqui, fica apontada pelo autor sua profissão vocacional. Toda a profundidade interior de sua alma, sobrepondo-se aos desígnos das profissões materiais até então dedicadas que, ao longo de suas buscas iam de encontro a sua vocação.

Outra obra que compreendemos oportuna para a nossa avaliação chama-se *Via Láctea*:

Via Láctea

"Ora (direis) ouvir estrelas! Certo
Perdeste o senso!" E eu vos direi, no entanto,
Que, para ouvi-las, muita vez desperto
E abro as janelas, pálido de espanto...

E conversamos toda a noite, enquanto
A via láctea, como um pálio aberto,
Cintila. E, ao vir do sol, saudoso e em pranto,
Inda as procuro pelo céu deserto.

Direis agora: "Tresloucado amigo!
Que conversas com elas? Que sentido
Tem o que dizem, quando estão contigo?"
E eu vos direi: "Amai para entendê-las!

Pois só quem ama pode ter ouvido
Capaz de ouvir e de entender estrelas.”

Com esse apanhado muito breve de suas obras em vida, passaremos a averiguar o teor de suas obras após sua morte física mediante o intermediário externador que permeará as obras da Literatura Brasileira: Chico Xavier. Apresentaremos as obras e, num segundo momento, a apreciação dos críticos em Literatura sobre as mesmas. Frise-se que elas também fazem parte da obra *Parnaso de Além-Túmulo.*

A Crucificação

Fita o Mestre, da cruz, a multidão fremente,
A negra multidão de seres que ainda ama.
Sobre tudo se estende o raio dessa chama,
Que lhe mana da luz do olha clarividente.

Gritos e alterações! Jesus, amargamente,
Contempla a vastidão celeste que o reclama;
Sob os gládios da dor aspérrima, derrama
As lágrimas de fel do pranto mais ardente.

Solução no silêncio. Alma doce e submissa,
E em vez de suplicar a Deus para a injustiça
O fogo destruidor em tormentos que arrasem,

Lança os marcos da luz na noite primitiva,
E clama para os Céus em prece compassiva:
“Perdoai-lhes, meu Pai, não sabem o que fazem!...”

Na sequência, apresentamos outros dois poemas de muito conteúdo e, por fim, as avaliações críticas literárias da época.

Ressurreição

Extinga-se o calor do foco aurifulgente
Do Sol que vivifica o Mundo e a Natureza;
Apague-se o fulgor de tudo o que a alma presa
Às grilhetas do corpo, adora, anela e sente;

Tombe no caos do nada, tem túrgida surpresa,
O que o homem pensou num sonho de demente,
Os mistérios da fé, fulcro de luz potente,
O templo, o lar, a lei, os tronos e a realeza;

Estertore e soluce exausto e moribundo,
Debilmente pulsando, o coração do mundo,
Morto à míngua de luz, ambicionando a glória;

Espírito imortal, depois das derrocadas,
Numa ressurreição de eternas alvoradas,
Subirá para Deus num canto de vitória.

Brasil

Desde o Nilo famoso, aberto ao sol da graça,
Da virtude ateniense à grandeza espartana,
O anjo triste da paz chora e se desengana,

Em vão plantando o amor que o ódio despedaça,

Tribos, tronos, nações... tudo se esfuma e passa.
Mas o torvo dragão da guerra soberana
Ruge, fere, destrói e se alteia e se ufana,
Disputando o poder e denegrindo a raça.

Eis, porém, que o Senhor, na América nascente,
Acende nova luz em novo continente
Para a restauração do homem exausto e velho.

E aparecer o Brasil que, valoroso, avança,
Encerrando consigo, em láureas de esperança,
O Coração do Mundo e a Pátria do Evangelho.

As avaliações críticas não foram unânimes, afinal, tratava-se de uma das maiores referências da Literatura Brasileira. Os estudiosos, conforme suas bases, tiraram suas conclusões sobre a fidelidade efetiva das características de estilo.

A corrente à qual nos filiamos está fundada no trabalho detalhado de Lincoln de Souza, *Bilac e o Parnasianismo,* em pesquisa de Elias Barbosa. Nele, o autor afirma não ter sido Bilac um parnasiano autêntico do ponto de vista formal.

"O *Jornal de Letras,* escrevendo, há tempos, sobre Bilac, chamou-lhe, como fazem todos, de 'o nosso maior poeta parnasiano'. A verdade, porém, a despeito dessa velha classificação, é que nem Bilac, nem nenhum outro vate

Reflexões científicas e espirituais

nacional pode ser chamado de parnasiano, se formos tomar essa palavra na sua exata definição. Veríssimo, Alberto de Oliveira e o próprio Bilac são, aliás, do mesmo ponto de vista. (...) na sua História da Literatura Brasileira: 'Em Portugal, mais ainda que no Brasil não houve nunca verdadeiros parnasianos, segundo o conceito comum do Parnasianismo'." (SOUZA *apud* XAVIER, 2010, p. 611)

O autor embasa ainda sua fundamentação com a avaliação das obras de Bilac que constam na edição de 1946 de *Poesias*, da Livraria Francisco Alves, comprovando que o príncipe dos poetas não foi um parnasiano propriamente dito.

Lincoln Souza (apud XAVIER, 2010, p. 611 e 612) identificou no Tratado de Versificação em colaboração com Guimarães Passos (Ed.F.Alves, 1910) onde escreveu na página 86 que os poetas populares rimam apenas o segundo e quarto versos, mas os metrificadores escrupulosos rimam os quatro. Aprofundando a técnica literária de Bilac como não sendo um autêntico parnasiano do ponto de vista formal avalia o crítico a natureza das rimas com mesma categoria gramatical, adjetivos com adjetivos, verbos com verbos, advérbios com advérbios, rimas imperfeitas, como beijos e desejos, rimas apenas do segundo com o quarto verso, cacofonia e afins. Além disso, aprofunda sua tese com a contagem de sílabas. Sugerindo avaliação pormenor da obra Vida e Poesia de Olavo Bilac, outra característica formal comparativa.

Quanto ao autor, uma característica levantada pelos pesquisadores no mesmo estudo é que ele é identificado como reencarnacionista. A obra apreciada pelos críticos literários para essa conclusão foi o soneto *Avatara,* encontrado na mesma obra *Poesias.*

Não identificamos uma avaliação específica de poemas individualizados após a morte de Bilac, mas sim, uma apreciação global de suas obras quanto às características. Respeitando-as sob o ponto de vista de confronto com suas obras em vida e após sua morte, localizamos legitimidade e avaliação científica nos críticos pesquisados por Elias Barbosa (Parnaso, 2010, páginas 610 até 614). Sob o ponto de vista estritamente parnasiano, não houve acolhimento.

Compreendemos satisfatória a avaliação, posto que nem em vida ele foi classificado pela crítica de alta envergadura como parnasiano. Logo, não seria pela sua classificação como parnasiano dada erroneamente por alguns críticos em vida que o rótulo se vincularia ao seu conteúdo após sua morte. Justamente pelo contrário: pensamos que isso é mais uma evidência da natureza fidedigna de autoria do conteúdo intelectual criado por sua individualidade enquanto Olavo Bilac após a sua morte física e expresso pelo intermediário. Isso, portanto, de forma não fraudulenta por aquele que media o escrito, na medida em que após a morte do autor intelectual mantém o próprio seu mesmo estilo. Seguindo com o mesmo padrão não parnasiano puro. Significa dizer: não parnasiano pela crítica mais consolidada em vida, não parnasiano puro após a sua morte. Assim, identifica-se, portanto, uma continuidade individualizada de identidade nos estudos apreciados após a morte física.

Dando continuidade à nossa pesquisa, traçaremos breves linhas sobre a próxima etapa da História da Literatura Brasileira.

5.2.3 Simbolismo
e suas características (1893 - 1920)

Nesta introdução ao tema, nos valemos do artigo *Simbolismo na Literatura,* publicado pela mestra Marcela Silva do Nascimento, da Universidade Estadual do Rio de Janeiro, no ano de 2010. Na avaliação da autora: "O simbolismo é uma estética literária do século XIX que se opõe à objetividade parnasiana. Pode-se observar no simbolismo uma revivescência romântica" (NASCIMENTO, 2010, p.01).

Aqui, nos parece importante apresentar ao leitor características gerais apenas para uma avaliação distintiva entre os períodos. Nesse sentido, reforçamos que: "Ao contrário dos parnasianos, que defendiam o rigor formal do verso, os simbolistas buscavam uma poesia voltada a efeitos sonoros, com certa musicalidade. (...) Os poetas simbolistas rejeitam o rigor e a disciplina parnasiana" (NASCIMENTO, 2010, p.02).

O Simbolismo tem suas raízes na França, apresentando como principais características linguagem simbólica, subjetividade, antimaterialismo, religiosidade, transcendentalismo, interesse pelo inconsciente, subconsciente e onírico, assonâncias e sinestesias.

Algumas definições devem ser melhor explicadas, pois colaborarão para um melhor entendimento do conteúdo. Portanto, compreende-se como onírico tudo aquilo que se refere aos temas relacionados aos sonhos. Já as assonâncias são uma figura de linguagem ou recurso sonoro que consiste em repetir sons de vogais em um verso ou em uma frase, especialmente as sílabas tônicas. Por fim, as denominadas sinestesias representam metáforas de planos sensoriais diferentes. Por exemplo, "respirar o ar verde dos campos".

Vencidas essas questões, analisaremos a obra de Cruz e Souza, brasileiro que nasceu em 1861, em Florianópolis, Santa Catarina, e veio a falecer de tuberculose em 1898, aos 36 anos de idade. Filho de escravos, acabou sendo apadrinhado por uma família aristocrática. No ano de 1880, mudou-se para o Rio de Janeiro. Autor de crônicas abolicionistas, foi considerado pela crítica francesa um dos maiores simbolistas da poesia ocidental. Sua obra é muito ampla e rica, no entanto, nosso trabalho aqui se limitará a avaliar uma de suas poesias escrita em vida e outra elaborada após sua morte, como no exemplo anterior. Para esse propósito, compreendemos mais adequada a que segue:

Livre

Livre! Ser livre da matéria escrava,
arrancar os grilhões que nos flagelam
e livre penetrar nos Dons que selam
a alma e lhe emprestam toda a etérea lava.

Livre da humana, da terrestre bava,
dos corações daninhos que regelam,
quando os nossos sentidos se rebelam
contra a infâmia bifronte que deprava

Livre! Bem livre para andar mais puro,
Mais junto à Natureza e mais seguro
Do seu Amor, de todas as justiças.

Livre! Para sentia a Natureza,
Para gozar, na universal Grandeza,
Fecundas e arcangélicas preguiças.

Veremos que sua obra pós-morte mantém detalhes que serão aprofundados a seguir, mediante avaliações críticas literárias contemporâneas. Por ora, nos cabe a avaliação de outra obra, atentando também para o seu conteúdo:

Ansiedade

Todo esse anseio que tortura o peito,
Estrangulando a voz exausta e rouca,
Que em cada canto estruge e em cada boca
Faz o soluço do ideal desfeito;

Ansiedade fatal de que se touca
A alma do homem mau e do perfeito,
Sobe da Terra pelo espaço eleito,
Numa imensa espiral, estranha e louca,

Formando a rede eterna e incompreendida,
Das ilusões, dos risos, das quimeras,
Das dores e da lágrima incontida;

Essa ansiedade é a mão de Deus nas eras,
Sustentando o fulgor da luz da vida,
No turbilhão de todas as esferas!...
A Sepultura

Como a orquídea de arminho quando nasce,
Sobre a lama ascorosa refulgindo,
A brancura das pétalas abrindo,
Como se a neve alvíssima a orvalhasse;

Qual essa flor flagrante, como a face
Dum querubim angélico sorrindo,
Do monturo pestífero emergindo,
Luz que sobre negrumes se avistasse;

Assim também do túmulo asqueroso,
Evola-se a essência luminosa
Da alma que busca o céu maravilhoso;

E como o lodo é o berço vil das flores,
A sepultura fria e tenebrosa
É o berço de almas – senda de esplendores.

Aqui, traçamos apenas duas de suas mais de vinte poesias escritas após sua morte. Em caráter científico

Reflexões científicas e espirituais

propriamente dito, citaremos a análise do grande professor de Literatura Tasso Azevedo da Silveira sobre a comparação entre as obras escritas antes e após a morte de Cruz e Souza.

Em breves linhas, apresentamos o currículo de Tasso Silveira. Formado em Direito pela Universidade do Rio de Janeiro, é autor de diversas obras literárias, tendo estreado com *Fio d'água*. É colaborador em jornais como *O Momento* e *Revista Sul-Americana*, e fundador da revista *Festa*. Foi, durante duas décadas, professor catedrático de Literatura Portuguesa na Universidade Católica e de Literatura Brasileira no Instituto Santa Úrsula. Em 1956, foi homenageado com o prêmio Machado de Assis, concedido pela Academia Brasileira de Letras para o conjunto de sua obra.

Após uma extensa avaliação do crítico literário Tasso Silveira sobre Cruz e Souza, na 2ª Edição AGIR, 1960, página 11, citada pelo pesquisador Elias Borba na obra Parnasso, assim fica esclarecido:

"Por que, perguntará o leitor, transcrições tão extensas? Tão somente para nos cientificarmos de que a produção mediúnica do poeta ostenta aquelas mesmas características apontadas pelo insigne crítico brasileiro, inclusive noutro passo, a respeito de *Almas indecisas*, quando diz: Ainda aqui o luminoso caráter apostolar do verbo do Poeta Negro. Curioso é que, nessa visão das almas necessitadas de consolo e amparo, é da contemplação de si mesmo que parte o poeta: o narcisismo de Cruz e Souza, pela sua transmutação perene em caridade e heroísmo, é *sui generis* na história da poesia universal." (Parnaso, 2010. pág.374)

Concluindo nossa singela avaliação do autor diante da amplitude de sua vasta obra, cumpre-nos a apreciação pericial literária que concedeu veracidade ao conjunto de características de forma e conteúdo ao maior simbolista brasileiro, conforme a crítica francesa.

5.2.4 Pré-Modernismo e suas características (1920 - 1922)

O Pré-Modernismo é o último período que estudaremos. Ele marca a transição entre as tendências simbolistas e parnasianas e o Modernismo. Tem por contexto histórico a ainda recente abolição da escravatura associada a uma imigração significativa, em especial no estado brasileiro de São Paulo. De um lado, havia as oligarquias detentoras das riquezas, e, de outro, os operários imigrantes trabalhadores. As desigualdades no corpo social se acentuavam, restando aos antes escravos a marginalização nos grandes centros. Por isso, surgiram grandes movimentos de revoltas sociais.

Em meio a esse cenário, surge um processo de criação literária com características próprias, o denominado Pré-Modernismo. Dentre suas características basilares, temos: (a) ruptura com a linguagem rebuscada parnasiana, (b) exposição da realidade social brasileira, (c) temas regionais, (d) associação a fatos políticos, econômicos e sociais e (e) demonstração da marginalidade no cotidiano.

Augusto dos Anjos foi uma das maiores referências desse período. Ele é conhecido como um dos poetas mais críticos do seu tempo, tendo como foco especialmente o egocentrismo que emergia na sua época, como acentua o crítico literário Ferreira Gullar.

Natural do estado da Paraíba, Augusto dos Anjos se formou em Direito no ano de 1907. Depois, transferiu-se para o Rio de Janeiro, onde se dedicou ao magistério. Faleceu aos 30 anos de idade, no estado de Minas Gerais, onde possuía um grupo escolar. Para nossa surpresa, no decorrer de nossos estudos, cujos autores foram aleatoriamente selecionados, descobrimos que, embora fizesse críticas às religiões em sua cidade natal, o escritor conduzia reuniões mediúnicas e psicografava.

Nada mais valioso do que o estudo da obra para uma melhor avaliação do artista. Nesse sentido, analisaremos parte de suas obras quanto à sua forma e ao seu conteúdo. Principiaremos, sem maiores delongas, pela obra *Ao Luar*, que apresenta uma profunda reflexão sobre a amplitude do ser no Universo.

Ao Luar

Quando, à noite, o infinito se levanta,
A luz do luar, pelos caminhos quedos,
Minha táctil intensidade é tanta,
Que eu sinto a alma do Cosmos nos meus dedos!

Quebro a custódia dos sentidos tredos,
E a minha mão, dona, por fim, de quanta,
Grandeza o Orbe estrangula em seus segredos,
Todas as coisas íntimas suplanta!

Penetro, agarro, ausculto, aprendo, invado,
Nos paroxismos da hiperestesia,
O Infinitésimo e o Indeterminado...

Transpondo ousadamente o átomo rude,
E trasmudado em rutilância fria,
Encho o Espaço com minha plenitude!

As características formais e avaliações críticas se darão no conjunto, depois de apresentadas as demais obras do autor. Neste capítulo, serão empreendidos esforços nesse propósito.

Cabe-nos agregar, por ora, a próxima obra, na qual o autor apresenta uma conexão quanto ao meio necessário para que a sociedade progrida no seu todo e diminua, na sua interioridade, as desigualdades de oportunidades e necessidades, empregando energia de trabalho voluntário para reduzir as diferenças humanitárias fundamentais da vida. Um conhecimento sábio associado ao exercício da caridade. Doravante, avaliemos a obra, denominada *A Caridade*.

A Caridade

No universo a caridade
Em contraste ao vício infando
É como um astro brilhando
Sobre a dor da humanidade!

Nos mais sombrios horrores

Por entre a mágoa nefasta
A caridade se arrasta
Toda coberta de flores
Semeadora de carinhos
Ela abre todas as portas
E no horror das horas mortas
Vem beijar os pobrezinhos.

Torna as tormentas mais calmas
Ouve o soluço do mundo
E dentro do amor profundo
Abrange todas as almas.

O céu de estrelas se veste
Em fluídos de misticismo
Vibra no nosso organismo
Um sentimento celeste.

A alegria mais acesa
Nossas cabeças invade...
Glória, pois, à Caridade
No seio da Natureza

Cantemos todos os anos
Na festa da Caridade
A Solidariedade
Dos sentimentos humanos

Identificamos um emprego coloquial e, ao mesmo tempo, científico em seu vocabulário. O autor entrelaça sistematicamente os temas, apresentando temas profundos em uma linguagem menos complexa, levando, por conseguinte, a arte para uma casta social menos favorecida.

Augusto dos Anjos produziu em vida inúmeras obras da mais alta envergadura, não se tendo aqui qualquer presunção de exaurimento. Em nossos estudos, constatamos que ele também teve obras estudadas pela crítica literária que foram produzidas após o término de sua vida física.

Passaremos a apreciação comparativa das obras após sua morte com as características pela crítica literária de obras escritas em vida. Selecionamos algumas das principais obras do autor neste segundo momento após morte para nossa análise. A primeira delas intitula-se *Voz Humana*.

Voz Humana

Uma voz. Duas vozes. Outras vozes.
Milhões de vozes. Cosmopolitismos.
Gritos de feras em paroxismos,
Uivando subjugadas e ferozes.

É a voz humana em intérminas nevroses,
Seja nas concepções dos ateísmos,
Ou mesmo vinculada a gnosticismos
Nos singultos preagônicos, atrozes.

É nessa eterna súplica angustiada
Que eu vejo a dor em gozos, insaciada,
Nutrir-se de famélicos prazeres.

A dor, que gargalhando em nossas dores,
É a obreira que tece esplendores
Da evolução onímoda dos seres.

Assim como com as obras em vida material, avaliaremos esse produto literário em conjunto com as poesias atribuídas ao autor pela crítica literária após sua morte física. Mas cabe aqui uma pequena reflexão não levantada pela crítica: o local onde o autor diz se encontrar nessa obra guarda relação efetiva com os conhecimentos do mesmo em vida. Vimos anteriormente que, mesmo negando religiões, Augusto dos Anjos trabalhava em atividades mediúnicas próprias do segmento intitulado espírita ou espiritualista, e, em ambos, há o estudo de locais denominados umbralinos ou trevosos com tais características, o que, em última análise, guarda relação com o autor em vida material, seja qual for o rótulo dado a ele.

O texto apresenta uma ideia de continuidade individualizada do ser após a sua morte física, em meio a outros seres em situação análoga, independentemente da crença do indivíduo em evolução. Aqui, identificamos um misto entre ciência e filosofia, pois a doutrina do autor em vida tem adjetivação continuada após sua morte material.

Aliás, os outros dois próximos poemas selecionados por nós apresentarão exatamente esse tema. O primeiro intitula-se *Evolução*:

Evolução

Se devassássemos os labirintos
Dos eternos princípios embrionários,
A cadeia de impulsos e de instintos,
Rudimentos dos seres planetários;

Tudo o que a poeira cósmica elabora
Em sua atividade interminável,
O anseio da vida, a onda sonora,
Que percorrem o espaço imensurável;

Veríamos o envolver dos elementos,
Das origens às súbitas asceses,
Transformando-se em luz, em sentimentos,
No assombro prodígio das esteses;

No profundo silêncio dos inermes,
Inferiores e rudimentares,
Nos rochedos, nas plantas e nos vermes,
A mesma luz dos corpos estelares!

É que, dos invisíveis microcosmos,
Ao monólito enorme das idades,
Tudo é clarão da evolução do cosmos,
Imensidade das imensidades!

Nós já fomos os germes doutras eras,
Enjaulados no cárcere das lutas;

Viermos do princípio das moneras,
Buscando as perfeições absolutas

E, por fim, apresentamos a poesia *Atualidade*:

Atualidade

Torna Caim ao fausto do proscênio.
A Civilização regressa à taba.
A força primitiva menoscaba
A evolução onímoda do Gênio.

Trevas. Canhões. Apaga-se o milênio.
A construção dos séculos desaba.
Ressurge o crânio do morubixaba
Na cultura da bomba de hidrogênio.

Mas, acima do império amargo e exangue
Do homem perdido em pântanos de sangue,
Novo sol banha o pélago profundo.

É Jesus que, através da tempestade,
Traz ao berço da Nova Humanidade
A consciência cósmica do mundo.

Em fechamento, nos cabe apenas, do ponto de vista formal, dizer que os poemas de Augusto dos Anjos têm características muito marcantes a partir da crítica da época.

Na avaliação de Cavalcanti Proença (1955), observamos como características do autor, dentre outras:

(a) decassílabos em abundância;

(b) estrofação com rimas emparelhadas, com a forma mais frequente 'abba';

(c) rimas em geral em ´ia´ e ´ava´;

(d) aliteração;

(e) sibilação, não só pelo uso de vocábulos que contenham o fonema sê, mas pelos abundantes superlativos;

(f) densidade, acrescida no campo formal pela denominada sinérese violenta;

(g) justaposição de tônicas;

(h) aposição.

Concluímos a avaliação do ponto de vista da ciência literária considerando esta mais uma área que demonstra uma ideia de continuidade da individualidade após o término do corpo físico perceptível.

Nunca é demais reforçar que o tema aqui foi muito singelamente estudado. Há uma infinita bibliografia de estudos acerca desse assunto. Nosso propósito é apenas fomentar a pesquisa.

Cabe relembrar que, por meio de um intermediário externador de tenra idade e pequeníssima escolaridade como Francisco Cândido Xavier, as características de obras escritas após a morte de seus autores foram cientificamente apontadas pela crítica literária como estando em conformidade com o estilo de autores do mais alto nível

Reflexões científicas e espirituais

desse segmento acadêmico. É preciso dizer que essa crítica não é unânime, uma vez que a origem de obras elaboradas após a morte de seus autores é ainda um mistério sem explicação experimental.

Significa dizer que há uma corrente crítica minoritária que não reconhece a obra por ausência de compreensão sobre a natureza desse ser inteligente individual que se mantém após o término do corpo orgânico – aquele autor intelectual que produz a obra literária mesmo sem o corpo material. Nossa análise acompanha a corrente majoritária. Mesmo que não haja ainda domínio apropriado com base em experimento quanto à natureza original dessa constituição do indivíduo – após a morte física da matéria orgânica – seu resultado enquanto obra literária apresenta conteúdo passível de experimento científico.

Complementando o entendimento, pode nos carecer a compreensão absoluta de como é a composição atômica dessa inteligência individualizada que se comunica e mantém suas características pessoais. Não negamos isso, mas há caráter científico na consequência dessa causa inteligente, ou seja, no produto devidamente periciado pelo ramo científico literário competente. O caráter científico que se apresenta está no resultado produzido por esse ser inteligente individual. O produto que tem a mesma constituição de adjetivos da obra em vida comparada a obra após morte por especialistas literários. Aí se pauta o crivo da ciência que não pode ser negado. Não se pode retirar, afastar nem negar o conteúdo da ciência experimental.

Temos o critério e valoração conforme o ramo da ciência próprio, no caso em comento, a Ciência Literária ao reconhecer as obras como dos autores após seus respectivos óbitos é passível de experimentação e análise comparativa. Reconhecer uma limitação quanto à origem não retira a ciência da sua obra escrita, pois, como já vimos aqui, a filosofia da ciência caminha no passo da evolução da sociedade e sua capacidade de experimentos. No contexto atual temos capacidade de *experts* em Literatura Brasileira realizarem estudo afastando misticismos e consolidando resultados.

No próximo capítulo, seremos ajudados por outro ramo científico. Avaliaremos, à luz da ciência médica, estudos experimentais, inclusive reconhecidos pela Organização Mundial da Saúde, que apresentam potencialidade desmaterializada individualizante.

CAPÍTULO 06
Da Ciência Médica. CID F 44.3
Estados de Transe e Possessão

O assunto que abordaremos a seguir guarda relativa complexidade, mas nada que não se consiga alcançar com empenho e algum esforço. Buscando uma abrangência ampliada de destinatários para o tema, salientamos que os não conhecedores profundos de fisiologia, anatomia, histologia, embriologia e afins conseguirão absorver o conteúdo da matéria de fundo.

Num primeiro momento, é possível que o leitor tenha uma falsa percepção de que o tema da área médica em comento se distancia da sua capacidade compreensiva por sua especificidade, principalmente por estar relacionado às doenças psiquiátricas, um segmento de especialização da Medicina. Contudo, optamos por uma abordagem do tema mediante linguagem e exemplificações que possibilitam a ampliação do acesso ao conteúdo sem o emprego de uma terminologia exclusiva do campo médico.

Associado a isso, selecionamos um distúrbio apenas para viabilizar meios de uma avaliação mais aprofundada sobre uma doença reconhecida pela Organização Mundial da Saúde, o denominado Estado de Transe e Possessão, que doravante estudaremos.

Esperamos, com esse fragmento do conhecimento científico, possibilitar ao leitor leigo na ciência médica uma abordagem não técnica específica, mas, ao mesmo tempo, oferecer-lhe os meios mínimos para avaliar mecanismos que o levarão além de uma apreciação generalista e superficial.

6.1 Organização Mundial da Saúde: função e atribuições

Faz-se necessário uma análise institucional de onde parte o reconhecimento do transtorno que é objeto deste estudo. A Organização Mundial da Saúde é um órgão que tem estruturas em mais de 150 países, desempenhando atividades juntamente com governos e entidades privadas. Sua sede fica em Genebra e sua principal finalidade é a melhoria da qualidade de vida no combate às mais diversas doenças. Fundada no ano de 1948, suas atribuições centrais residem na responsabilidade diretiva e coordenadora da matéria da saúde internacional, com funções junto às Nações Unidas. Sua governança recai na Assembleia Mundial de Saúde, que vem a ser o órgão supremo da organização, responsável pela sistematização de doenças e metodologias de tratamento para tais enfermidades em nível global.

6.2 Processo para reconhecimento de uma doença internacionalmente e sua respectiva metodologia de tratamento

A catalogação de uma nova doença pela Organização Mundial da Saúde obedece a um procedimento detalhado e rígido de aferição quanto às características próprias e singulares da enfermidade, relacionando-a ao tratamento adequado à natureza da própria doença. O reconhecimento e a identificação das enfermidades necessitam de inúmeros experimentos em populações diversas e submetidas a condições específicas, de modo a se retirar o cunho científico singular experimental.

Os denominados experimentos são mais conhecidos na área médica como protocolos, frutos de trabalhos de anos, ou até mesmo décadas. Os profissionais de saúde encarregados coletam dados para cruzá-los e tirar alinhamentos padrões. Após toda essa gama de critérios e métodos é que se gera um produto digno de avaliação para possível reconhecimento ou não. Portanto, há necessidade de ciência experimental qualitativa e quantitativa para que a doença e seu método de tratamento sejam efetivamente reconhecidos na área médica.

Uma vez que tais protocolos cheguem a um grau superior de reconhecimento, a Organização Mundial de Saúde passa a analisar a matéria. Se esta for acolhida como produto científico efetivo, sobre ela será feita uma ampla divulgação, de modo a disseminar o conhecimento por diversos países.

6.3 Doenças psiquiátricas propriamente ditas

Vencidas essas premissas, é preciso retomar o conteúdo do início de nosso trabalho: a ciência como um elemento que evolui constantemente, em conformidade com o progresso da civilização. Nesse sentido, faremos aqui uma comparação entre doenças psiquiátricas consideradas tradicionais dentro da ótica científica e o inovador CID-44.3. Sobre este, é preciso que se diga que ainda é muito pouco aplicado pelos profissionais da área da saúde.

A psiquiatria era vista como um sub-ramo científico da Medicina até o século XIX, quando foi incorporada à ciência médica como ramo especializado, responsável pelo estudo e tratamento de doenças de fundo mental. Por maior perplexidade que isso possa causar, antigamente, as pessoas com distúrbios mentais eram isoladas até que recuperassem a razão. Além disso, sofriam todo tipo de barbárie; relata-se, por exemplo, que era muito comum a prática de choques elétricos para que essas pessoas retornassem do estado de alienação.

Então, a partir do século XX, começaram a ser apurados fatores biológicos, sociais e tantos outros que demonstravam características em comum entre os pacientes, bem como foram alcançados resultados em tratamentos terapêuticos. Dessa forma, as metodologias da psiquiatria foram se adequando ao constante progresso científico.

6.3.1 Esquizofrenia CID 10 F 20

Selecionamos essa doença reconhecida pela Organização Mundial da Saúde e já com maior histórico na comunidade acadêmica porque nos parece ser o melhor contraponto para a doença que é o cerne de nossa avaliação neste capítulo.

A esquizofrenia é um transtorno mental grave que atinge aproximadamente 1% da população mundial, podendo aparecer em qualquer idade. Apresenta-se como uma disfunção entre pensamento e ação. As emoções, a consciência, a linguagem e os sentimentos entram em desacordo com a conduta do indivíduo.

Mas o que ocorre, em linhas gerais, com a mente da pessoa? O que causa esse transtorno?

A ciência compreende que a esquizofrenia decorre de uma combinação entre genética e condições ambientais: estudos apontam uma proporção de 50% para a causa genética e 50% para os fatores ambientais. Vale ressaltar que recentes pesquisas norte-americanas publicadas no jornal *Nature* afirmam que, sob o prisma genético, a doença já começa a se manifestar no feto. No entanto, o transtorno não é exclusivamente de ordem genética, uma vez que evidenciou-se que gêmeos idênticos não têm, necessariamente, a mesma predisposição para a esquizofrenia. Então, concluímos que essa potencialidade natural, uma vez submetida às causas sociais mais diversas presentes no seu meio, pode desencadear o processo do transtorno.

6.3.1.1 Características da esquizofrenia

Em sentido mais amplo, precisamos elencar qualidades próprias da patologia, com a intenção de melhor delinear essa enfermidade. Principiaremos pela questão dos circuitos químicos cerebrais.

As pessoas com esse transtorno apresentam regulações anormais em parte de seus neurotransmissores, afetando células encarregadas pelo pensamento e comportamento, além de um microconjunto de alterações anatômicas. Para um entendimento superficial, elencamos: (a) aumento dos ventrículos cerebrais, (b) atrofia cerebelar localizada e (c) diferenças no fluxo sanguíneo cerebral. Mesmo para alguém leigo no tema, esses pressupostos começam a delinear um conjunto particular de elementos. Somam-se os fatores ambientais a esse bojo subjetivo e complexo caracterizador do desencadeamento do transtorno. Estudos demonstram que, por exemplo, no período pré-natal, uma gravidez indesejada ou traumas graves durante o período podem gerar esquizofrenia. Na primeira infância, as pesquisas de campo demonstram que abusos sexuais e infecções no sistema nervoso central, como as causadas por meningite ou sarampo, potencializam a doença. Na adolescência, o principal fator de risco é o uso de drogas. Na fase adulta, o estresse ou a pressão excessiva pode ser, ao seu turno, determinante para o desencadeamento da doença.

6.3.1.2 Sintomatologia

Os primeiros sinais da esquizofrenia são: (a) escutar ou ver algo que não é perceptível pelos cinco sentidos comuns, (b) falsa sensação de estar sendo vigiado, (c) maneira peculiar de escrever ou falar, (d) regressão nos estudos e no trabalho, (e) mudanças de personalidade, (f) afastamento significativo do convívio social, (g) dificuldade para dormir e se concentrar, (h) comportamentos inapropriados, dentro outros.

As catalogações positivas e negativas sintomáticas são amplas, mas precisamos saber que, na fase crônica, o paciente começa a perder emoções. Ele apresenta dificuldade extrema em continuar uma atividade, redução acentuada da fala e da capacidade de expressão, profunda limitação em tomar as mais simples decisões e, em alguns quadros, até mesmo a memória apresenta falhas graves. Devido à afetação do sistema neural, surgem tiques faciais, prejuízo nos movimentos e elevação na frequência de piscar os olhos. O comportamento é também muito abalado. Em alguns casos, o paciente pode conversar sozinho e desenvolver manias repetitivas. Nas crises, é comum a presença de agressividade associada à ideação suicida.

6.3.1.3 Diagnóstico

Afirmamos que os estudos demonstram causas genéticos e ambientais. Nesse sentido, o diagnóstico pode ser dado, em linhas muito gerais, pelos seguintes meios: (a) exame de sangue, para descartar outras doenças, (b) estudos de imagem, para descartar tumores, e (c) avaliação psicológica integralizante.

Não há um exame exclusivo e único para diagnosticar a esquizofrenia, pois trata-se de um transtorno mental para cujo diagnóstico adequado o psiquiatra precisa utilizar elementos complementares. Por essa razão, o Manual Diagnóstico e Estatístico de Transtornos Mentais afirma a necessidade de haver, no mínimo, a combinação parcial dos sintomas abaixo:

(a) delírios;

(b) comportamentos desorganizados;

(c) fala desorganizada;

(d) alucinações;

(e) sintomas negativos que durem ao menos quatro semanas;

(f) deficiência considerável escolar ou profissional.

6.3.1.4 Tratamento

O método mais tradicional de tratamento da esquizofrenia é pautado no bloqueio do sistema cerebral da dopamina. Isso se dá mediante intervenções químico-medicamentosas, via oral ou injetável, sendo o último gerador de menores efeitos colaterais.

Reflexões científicas e espirituais

O protocolo mais usual adota o critério medicamentoso para tratar sintomas negativos e positivos da doença. Por exemplo, as medicações que melhor geram resultados no combate contra as alucinações e delírios (sintomas positivos) são aquelas que mais eficazmente limitam a ação da dopamina. Ilustrativamente, no cenário atual, apresentam-se os químicos risperidona e haloperidol. Já, por outro lado, o tratamento dos sintomas negativos, como desmotivação, deve ser mais focado na ação da serotonina. Nesse sentido, gera significativo resultado o medicamento clozapina.

Devemos lembrar que é indispensável o tratamento químico associado às terapêuticas de ressocialização. Salientamos que, com o propósito de distinguir a metodologia de tratamento do transtorno que é objeto central deste estudo, relatamos alguns fármacos empregados na esquizofrenia. Isso facilitará nossa abordagem futura.

6.4 CID F 44.3 Estados de transe e possessão

Na avaliação da Organização Mundial da Saúde, esse transtorno gera uma perda transitória da consciência da própria identidade do sujeito, associada a uma conservação perfeita da consciência do meio ambiente. Aqui, são incluídos somente os estados de transe involuntários e não desejados, excluídas aquelas situações admitidas no contexto cultural ou religioso do sujeito. Além disso, para esse diagnóstico, deve-se excluir esquizofrenia, intoxicação por substância psicoativa, síndrome pós-traumática, transtorno orgânico da personalidade e surtos psicóticos agudos e transitórios.

O tema não é abordado de modo unânime, apresentando correntes de pensamento antagônicas. No Brasil, por exemplo, há uma minoria de profissionais da psiquiatria que afirmam se tratar o transe e a possessão de estados decorrentes de práticas culturais primitivas, nas quais os indivíduos se submetiam voluntariamente ao evento. Ou então diagnosticam tais indivíduos como portadores de possíveis transtornos mentais. Contudo, ao negarem a premissa maior (possibilidade real de transe e possessão), não aprofundam a casuística experimental. Assim, não apresentam explicação para os casos consolidados involuntariamente, nos quais o evento se dá sem o indivíduo se submeter ao mesmo por vontade própria.

Nosso estudo avaliará a matéria conforme a corrente majoritária: com mais imparcialidade na avaliação da casuística submetida, sem preconceitos dogmáticos ou religiosos resumindo apenas a uma prática cultural primitiva. Aprofundaremos à luz da ciência experimental propriamente dita os atos involuntários. Ainda mais, afastaremos qualquer possível compreensão de transtorno mental intrínseco do indivíduo, à medida que na casuística identificaremos que durante o transe ou possessão o indivíduo apresenta domínio de consciência espacial e temporal com indicação de informações comprovadamente coerentes e desconhecidas ao emitente.

Esse conjunto consolidou na OMS e na maior parte do mundo toda a análise do transtorno peculiar em epígrafe. Decorrendo dessa apropriação amostral sobre o tema a catalogação de Código próprio na Organização Internacional Mundial, o qual aprofundaremos nesse capítulo como o ponto central de nossa análise.

Neste capítulo, nos interessa apresentar os elementos identificadores dessa patologia, associados a casos concretos que nos permitam refletir também a partir dos experimentos, cujos resultados avaliaremos imparcialmente, mediante o método científico experimental que nos norteia os estudos.

6.4.1. Características do estado de transe e possessão

Para que possamos nos apropriar melhor do conceito, algumas questões iniciais são indispensáveis. Pedimos paciência ao leitor, pois se trata de um tema um tanto complexo, mas que nos esforçaremos para simplificá-lo ao máximo. A primeira questão indispensável decorre da própria definição em sentido excludente. Logo, avaliaremos uma característica que não pode estar presente.

Assim sendo, os casos concretos em que a perda voluntária do domínio dos atos pelo agente se deu ao se submeter em transe por ato de vontade própria, onde, por consequência, possibilita eventual abertura para atos parapsicológicos do subconsciente serão excluídos. Quando essa situação é admitida no contexto cultural ou religioso do sujeito não caracteriza estado de doença, ou seja, em última análise não é transtorno patológico. Disso decorre sua primeira característica como doença: perda involuntária da identidade mediante estado de transe ou possessão. Ou seja, a doença não se dá quando o indivíduo apresenta o *animus* que poderia desencadear um processo sugestionável do ponto de vista parapsicológico, mas, sim, quando tal perda da identidade ocorre independentemente da vontade do indivíduo, ou até mesmo contra ela.

Nesse sentido, poderia gerar dúvida e alguma dificuldade de compreensão de como poderia um indivíduo em pleno e saudável estado mental na sua identidade consciencial que não se submetendo voluntariamente ao evento patológico apresentar momentos de transe e possessão mantendo toda a consciência do meio em que se encontra?

Outras indagações relacionadas poderiam ser suscitadas: Há, realmente, conteúdo e conhecimento da identidade distinta da sua? Há ciência experimental nos fatos narrados durante o transe ou possessão? Veremos nos subitens que seguem.

De momento, outro ponto que precisamos abordar é a qualidade transitória do transtorno. Ele não costuma apresentar longa duração e tem caráter reversível, ainda que, por vezes, é preciso destacar, essa reversão possa exigir tratamento de médio ou longo prazo, conforme o grau da patologia instalada.

Findando esta síntese inicial das características gerais, é necessário, por fim, reafirmar que o indivíduo mantém uma consciência perfeita do meio ambiente durante o transe ou possessão, excluindo qualquer relação entre esse transtorno e esquizofrenia, intoxicação por substância psicoativa, síndrome pós-traumática, transtorno orgânico da personalidade e surtos psicóticos agudos e transitórios.

6.4.2 Sintomatologia

Os sintomas podem variar conforme o grau do transe ou possessão. Há indivíduos que ficam como que num estado de pseudoletargia: olhos parados no horizonte, mas com percepção clara de tudo que está ocorrendo ao seu redor, inclusive com reflexos e movimentos plenos. Nesse estágio podem ocorrer situações de não reconhecimento de pessoas de seu convívio.

Importa esclarecer, como em todo trabalho científico metodológico, que há um segmento psiquiátrico na sintomatologia que defende se tratar de uma nova personalidade criada pela própria pessoa, com suas peculiaridades. Contudo, isso não consegue explicar como se dá, durante o transe ou possessão, a narração de fatos desconhecidos da identidade original, com larga precisão de detalhes. Esses fatos geralmente são comprovados em um segundo momento, e envolvem, inclusive, épocas distintas. Além disso, durante o transe, o paciente apresenta estado assemelhado ao sonambúlico, fortalecendo a ideia da involuntariedade consciente. Inclusive, para melhor exemplificar esse transtorno, foi-nos sugerido apresentar casos concretos nos quais, em estado sonambúlico, são coerentemente apresentadas ideias lógicas, desconhecidas do indivíduo em estado normal, o que reforçaria a hipótese da existência de uma identidade distinta.

Dessa forma, apresentamos caso emblemático, ocorrido no ano de 1982, relatado na revista *Planeta*, edição de número onze. Um menino de seis anos, Hugh Cayce, foi atingido por uma explosão de magnésio que danificou seu rosto profundamente. Os médicos concluíram ser necessária a retirada de uma das suas córneas, e que a outra perderia a função. Testemunhas contaram que o mesmo disse: "Meu pai pode me salvar. Dormindo, ele é o melhor médico do mundo".

Seu pai, Edgar Cayce, durante estado profundo de transe, receitou ácido tânico e a manutenção dos demais remédios. Apesar da relutância médica, a receita foi administrada, mas somente porque as opções de tratamento por parte dos médicos tinham se exaurido. Então, para espanto da comunidade médica, ambos os olhos do menino foram salvos. Retornando ao estado original de identidade, o pai não lembrava nem reconhecia o feito.

Importa esclarecer que Edgar não era médico. Ao analisar sua biografia, descobrimos que ele era fotógrafo e amante da jardinagem.

No entanto, não podemos afirmar que havia uma patologia no transe do caso analisado devido ao próprio significado do termo. Não há transtorno em ações voluntárias; o ato involuntário é que é patológico. Portanto, no caso mencionado, pode ter havido indução decorrente do processo de ideação harmônica de objetivos em estado de vigília e sono, ou então uma submissão passiva ao transe por questão cultural, o que exclui a ideia de patologia. Avaliaremos, doravante, casos concretos de estado de transe ou possessão via sonambulismo para melhor compreensão do leitor em que há sujeição do indivíduo sem voluntariedade, ou melhor, notoriamente alheio a sua vontade, adentrando em estado de sonambulismo durante inclusive o sono profundo. Poderemos, a partir daí, verificar na apresentação da casuística que há uma identidade distinta daquela própria ordinária. As características dos atos e fatos apresentados não têm coerência de identidade com a vítima da patologia que não passa de mero executor. Sendo outra a identidade real detentora do domínio da vontade ou denominada também de *animus domini.*

Fechando esse pequeno parêntese, retornamos ao nosso objeto de estudo patológico: a natureza involuntária. Há indivíduos que conversam normalmente, contando fatos e descrevendo situações não afins à sua identidade sem ação voluntária. Os próprios familiares ou amigos presentes durante os estados de transe ou possessão podem perceber uma identidade distinta diretiva. Os estágios variam conforme a intensidade. Presenciamos situações, por exemplo, em que há inclusive agressividade do doente perante pessoas do seu convívio, no entanto, sempre com a perda da identidade própria.

O paciente pode narrar situações e motivos não compreendidos pelo seu próprio núcleo familiar. Entretanto, ele sabe onde se encontra, nunca perde a noção plena do seu meio ambiente e tem reflexos normais. Apresenta lógica e coerência na formulação de seu raciocínio, mas não guarda, necessariamente, correlação com a sua consciência comum. Além disso, pode narrar fatos posteriormente comprovados dos quais esquece no momento em que retorna ao seu *status quo ante* de identidade original. Aliás, é comum não se lembrar daquilo que disse ou fez durante o estado de transe ou possessão.

Concluindo, a sintomatologia também apresenta questões negativas decorrentes, como o risco de ferir fisicamente terceiros ou a si próprio durante o estado de transe ou possessão, vindo a arrepender-se depois.

6.4.3 Diagnóstico

O diagnóstico decorre de uma série de dados em apreciação conjunta integralizante. Como já destacamos, a patologia exige que o estado de transe ou possessão seja involuntário, e que, a partir dele, o sujeito perca o domínio de sua identidade individual, mas mantenha clara a percepção do meio ambiente.

Além disso, é preciso que o profissional da psiquiatria exclua a presença de enfermidades assemelhadas, que são, como já dito anteriormente, a esquizofrenia, a intoxicação por substância psicoativa, a síndrome pós-traumática, o transtorno orgânico da personalidade e os surtos psicóticos agudos e transitórios. Isso é fundamental para que não haja equívoco quanto ao tratamento.

6.4.4 Tratamento

Aqui está o cerne do fundamento deste capítulo. O progresso social não mais admite o tratamento dessa enfermidade decorrente de preconceito ou de um erro de diagnóstico. O diagnóstico psiquiátrico correto é fundamental.

Reflexões científicas e espirituais

O tratamento medicamentoso desconforme desencadeia sérios problemas na cadeia de neurotransmissores, desregulação nas vias da dopamina, serotonina e catecolamina, atuando em áreas relacionadas ao autocontrole, percepção, raciocínio e cinestesia.

É fundamental a associação a algum tratamento terapêutico, de acordo com cada caso. As hipnoses clínicas, regressivas transpessoais e toda modalidade de acompanhamento psicológico são primordiais. Deve-se evitar ao máximo ministrar fármacos agregados.

6.4.5 Casos concretos de estados involuntários de transe e possessão

No subitem em que tratamos da sintomatologia, nos valemos do caso concreto de sonambulismo de Edgar Cayce. Ele tinha esse hábito de se submeter ao que denominava prática psíquica. Então, ao nosso sentir, o transe ou possessão não foi involuntário.

No entanto, em regra, o estado de sonambulismo não é concebido como tendo fundo voluntário. Isso é pacífico no campo científico. Logo, compreendemos que, mesmo submetido passivamente ao possível transe, Edgar não possuía controle sob sua consolidação, uma vez que o sonambulismo não é controlável. E, não sendo o sonambulismo, no campo médico, um estado voluntário, compreendemos ser adequada a avaliação de se tratar o sonambulismo como um desdobramento cabível ao transe e possessão, bem como o melhor exemplo passível de compreensão em campo amostral.

Dando sequência ao aprofundamento conceitual, sugerimos esforço e paciência, pois é a partir desse trabalho que poderemos extrair a devida tipificação do CID. Para tal, é necessário que sejam atendidas todas as condições próprias do código internacional da enfermidade aqui tratada, com o propósito de crivo efetivo dos experimentos casuísticos.

Nesse intento, avaliaremos, em nossa síntese, casos em que, já dormindo e, portanto, desprovido *a priori* de ato de vontade consciente, o indivíduo é levado a desempenhar atividades que configuram a perda da sua identidade original, sem perder a noção do ambiente que o cerca. Também relataremos situações de homicídios durante o estado de sonambulismo. Dentre esses casos concretos, selecionamos aqueles levados aos tribunais e nos quais, após as etapas processuais, houve absolvição dos réus sob a égide de que não foram eles os responsáveis, em razão do estado de sonambulismo. Tais julgamentos pautaram-se na tese de que não havia vontade consciente da identidade do indivíduo ao cometer o crime.

6.4.5.1 Casos concretos levados aos tribunais

O primeiro caso concreto que abordaremos é o de Kenneth Parks. No ano de 1987, o réu dirigiu por mais de 20 quilômetros entre sua casa e a casa de seus sogros.

Lá chegando, desferiu golpes de faca, matando sua sogra e ferindo gravemente seu sogro. Depois, foi dirigindo até uma delegacia e confessou o crime. O Supremo Tribunal do Canadá absolveu o autor, pois considerou que ele efetivamente não estava acordado. Os juízes se convenceram de que Parks havia adormecido assistindo televisão, e somente voltou a si após ter confessado o crime na delegacia.

Trouxemos esse exemplo de caso concreto pelas seguintes razões: (1) perda transitória da consciência da sua própria identidade reconhecida judicialmente, (2) conservação perfeita de consciência do meio ambiente ao dirigir, inclusive por longa distância, conforme perícia do processo, (3) involuntariedade, pois o transe ou possessão iniciou durante o sono, com profundo arrependimento posterior, sendo o réu, inclusive, absolvido por ausência de *animus domini*.

As pesquisas de campo são muito amplas. Não é o propósito deste trabalho aprofundá-las, exaurindo o rol de casos que geraram os protocolos para o tratamento de transtornos dessa natureza. Mas precisamos de mais outro caso concreto para melhor apropriação do tema de fundo.

Consideramos oportuno lembrar o leitor de que o esforço de toda esta obra não é no sentido de propor respostas únicas e definitivas quanto à origem de dadas inteligências incorpóreas. Lembremos: a ciência é um ser vivo em constante progresso, conforme a própria evolução do corpo social. A análise e a dúvida são necessárias, não excluindo a abordagem científica por eventual preconceito de conteúdo. Nosso propósito é apresentar cientificamente produtos e consequências decorrentes dessa causa inteligente desconhecida, com aprofundamento razoável coadunado com ramos científicos. E ciência, diga-se, de ordem experimental, dela decorrendo a mais razoável interpretação possível diante da apreciação dos fatos.

Para enriquecer e concluir este capítulo, apresentamos mais um caso concreto de, em nossa análise, transe e possessão. Este fez história em Manchester, Reino Unido. Jules Lowe, aos 32 anos, foi absolvido da acusação de ter assassinado seu pai em estado sonambúlico, sendo enviado para um hospital psiquiátrico por período indefinido. Disse o réu à polícia: "Ataquei meu pai de 82 anos enquanto dormia". O mesmo não se lembrava do incidente, ocorrido em outubro de 2003. O diretor do Centro do Sono de Londres foi chamado para realizar a perícia. Era necessário esclarecer se o que fora alegado por Jules era verdade.

O perito, Dr. Ebrahim, e sua equipe realizaram uma série de estudos durante o sono de Jules na noite que antecedeu o julgamento. Tais testes são denominados polissonografia, e medem funções como ondas cerebrais, atividade muscular e atividade respiratória. Os cientistas também analisaram fatores conhecidos por desencadear episódios de sonambulismo, como álcool e estresse. Em entrevista à BBC News, Dr. Ebrahim disse: "O Sr. Lowe tinha uma história de sonambulismo, e isso geralmente era pior quando ele bebia álcool, mas nunca havia sido violento".

Os testes comprovaram que o réu estava em estado de sonambulismo durante o crime. Mais precisamente, o termo empregado foi especificamente automatismo insano.

Logo, ele não podia ser responsabilizado pelo espancamento de seu pai seguido de morte. Diante da repercussão do caso, o perito foi questionado se no Reino Unido havia outro caso semelhante. Ele informou que sim.

Desejamos que, nestas breves linhas sobre o transtorno em análise, tenhamos despertado o interesse potencial do leitor pelo estudo do CID. Encerramos a reduzida síntese da matéria médica identificando uma interpretação mais razoável com a confirmação do princípio inteligente distinto do corpo físico original. Em nossa análise, a partir dos fatos indicados e dos estudos próprios dos ramos científicos competentes, o estado de transe e possessão – em nossos dias – não encontra melhor resposta para o tema.

É preciso salientar, por seu turno, que ainda é avaliado o transtorno com erros de diagnóstico na comunidade médica. Pelo próprio preconceito de grande quantidade de profissionais da área médica, os mesmos não se apropriam da patologia com profundidade, em que pese toda a amostragem criteriosa da Organização Mundial da Saúde que obedeceu o mesmo crivo que outras patologias mentais, sem distinção de método. Não há esforço e reconhecimento de muitos profissionais de saúde.

Primeiro que há um enorme preconceito quanto às doenças mentais perante a comunidade médica; sim, a própria pessoa portadora de doença psiquiátrica sofre preconceitos no atendimento a grande parte dos Clínicos Gerais. Mas é preciso se enfrentar com imparcialidade e ciência o tema, e tal doença específica de nosso estudo necessita ainda mais. Também precisa vencer mais outro obstáculo:

o preconceito dentro dos próprios profissionais da psiquiatria. Especializados em lidar com as doenças mentais, não podem seguir com diagnósticos comuns de esquizofrenia para todos os casos.

A identificação atenta dos sintomas singulares é que definirão a aplicação farmacológica correta e o bem-estar do paciente. Por mais óbvio que possa ser, destacamos que a metodologia de protocolos geradores do Código Internacional da Doença foi obedecida conforme nas demais doenças, não havendo qualquer razão de distinção. A natureza científica foi consolidada.

Enfatizamos aqui, por fim, que o transe ou possessão involuntária precisa de grande aprofundamento e divulgação pela sociedade em todos os seus segmentos; não apenas na área médica. A valorização da vida é um dever de toda a rede social. A saúde pública é de responsabilidade de todos; e de alguns ainda mais, pelo conhecimento adquirido e grau de comprometimento.

CAPÍTULO 07

Da Ciência Astronômica e Astrofísica. Dados de Planetas Catalogados.

Neste último capítulo, faremos uma apreciação sob a ótica da Astronomia e Astrofísica, com especial atenção aos planetas já catalogados, remontando a Capela e sua constelação.

Começamos aqui com uma reflexão: quantos de nós, em noites belas e estreladas, não nos deparamos com a infinidade de luzes perceptíveis aos nossos sentidos visuais? Seriam planetas? Estrelas? Ou meras iluminações residuais daquilo que já foram e não são mais?

É um bom exercício. Retire um tempo apenas para você e se encontre com a infinitude do espaço. Não é em vão que lhe foi dado esse presente. Aprecie. Reflita. Fuja dos pensamentos acelerados. Olhe para dentro de si e para a imensidão do espaço.

Aqui, trabalharemos conceitos da Astronomia e da Astrofísica, apresentando a imensidão de planetas já catalogados mediante materiais acadêmicos. Faremos isso para que se consiga melhor apreciar um planeta devidamente catalogado chamado Capela, localizado na Constelação do Cocheiro, tudo com suporte e devido registro em ramo científico próprio. Esse planeta foi prenunciado pelo intermediário externador Chico Xavier em obras devidamente publicadas. Acreditamos que esse tema pode melhor esclarecer nosso propósito maior

7.1 Astronomia

A ciência astronômica é a encarregada pela análise e pelo estudo de todos os corpos celestes do Universo, dentre eles planetas, estrelas, cometas, asteroides, nebulosas, galáxias e afins. Seus traços mais definidos surgiram durante o período do Renascimento Científico, entre os séculos XV e XVI. Dentre seus maiores pensadores estão Copérnico, Galileu Galilei e Kepler.

Trata-se do ramo científico mais antigo: seus primeiros registros astronômicos datam de aproximadamente 3000 a.C., a partir de babilônios, assírios, chineses e egípcios. Naquele momento da humanidade, seu conhecimento estava mais atrelado às questões práticas do dia a dia, ajudando na elaboração de calendários para verificar a melhor época para plantios, colheitas, chuvas. O povo chinês, por exemplo, séculos antes de Cristo já utilizava um calendário com 365 dias no ano. Deixaram, segundo pesquisas científicas, anotações precisas de meteoros e meteoritos desde 700 a.C.

Em outras partes do mundo, há precisas evidências de conhecimentos astronômicos em forma de monumentos. O Newgrange, na Irlanda, é um exemplo, pois, durante o solstício de inverno, o Sol ilumina o corredor e a câmara central. Sua construção data de 3200 a.C. É uma tumba localizada no condado de Meath. Outra ilustração é Stonehenge, na Inglaterra, construída entre 3000 e 1500 a.C. A avenida principal, que parte do centro do monumento, aponta para o local no horizonte em que o Sol nasce no dia mais longo do verão. Nessa estrutura, algumas pedras estão alinhadas com o nascer e o pôr do Sol no início do verão e do inverno. Cada pedra do monumento pesa, em média, 26 toneladas.

Há inúmeros registros dessa natureza. Nas Américas, no Peru, em Chankillo, há registros de conhecimentos elevados sobre calendários e fenômenos celestes escritos entre os anos 200 e 300 a.C. Mas foi na Grécia Antiga o ápice desse despertar.

7.1.1 Astrônomos da Grécia Antiga e seus conhecimentos (624 - 165 d.C.)

Não falaremos aqui de todos os pensadores, nem exauriremos suas teses, mas pontuaremos o que para nós representou sua maior contribuição.

a) Tales de Mileto: trouxe para a Grécia conhecimentos do Egito sobre Geometria e Astronomia;

b) Pitágoras: descobriu a esfericidade da Terra, da Lua e de outros corpos celestes. Foi o primeiro a utilizar o termo cosmos para se referir ao céu;

c) Aristóteles: explicou os eclipses, aprofundando a comprovação da esfericidade da Terra;

d) Euclides de Alexandria: descreveu o horizonte, os polos, o zênite, as verticais, os círculos de declinação, passando pelos polos e cruzando o Equador em ângulo reto, os meridianos, passando pelo zênite e pelos polos;

e) Heraclides: defendeu que a Terra girava diariamente sobre o seu próprio eixo, que Vênus e Mercúrio orbitavam o Sol e que existiam epiciclos;

f) Aristarco: afirmou que a Terra se movia ao redor do Sol, antecipando Copérnico em praticamente dois mil anos. Também mediu o tamanho relativo da Terra;

g) Eratóstenes: primeiro a calcular o diâmetro da Terra;

h) Hiparco: criou um observatório. Compilou 850 estrelas. A partir da intensidade do brilho de cada uma, deduziu corretamente a direção dos polos celestes, bem como a relação entre o tamanho da Terra e da Lua. Determinou a duração do ano, com margem de erro de seis minutos;

i) Ptolomeu: compilou treze volumes sobre Astronomia, conhecidos como *Almajesto,* que é a maior fonte de conhecimento astronômico da Grécia.

Mas isso não é novidade alguma para todos nós; apenas uma retomada com o propósito de demonstrar que as origens dos registros científicos da Astronomia remontam a tempos muito mais antigos do que a maioria de nós imagina, e que grande parte das descobertas precederam meios experimentais de provas.

7.1.2 Astronomia no século XXI

Nessa fase, outros campos se desenvolveram. O orbe ainda é um mistério pela sua infinitude; contudo, mais um pequeno e singelo espaço dimensional se abriu.

Hoje, as universidades apresentam aprofundamento espantoso e potencial infinito de identificação de corpos celestes iguais ou superiores ao plano terrestre. Os dados da NASA do ano de 2017 apontam mais de 4000 planetas denominados tecnicamente exoplanetas (planetas que orbitam fora do Sistema Solar). Tais dados demonstram que alguns desses planetas apresentam potencial de abrigar vida, por possuírem condições semelhantes ao planeta Terra. A maioria deles é de natureza rochosa, assim como a Terra, sendo que 75% desses planetas são maiores do que ela.

A Via Láctea, segundo dados da Astronomia moderna, apresenta um total de 219 milhões de estrelas. Os dados constam no periódico *Monthly Notices of the Royal Astronomical Society*, fruto de mais de 10 anos de análises com o auxílio do telescópio Isaac Newon, instalado nas Ilhas Canárias. Mas o que é a Via Láctea? É uma galáxia, uma complexa espiral da qual o Sistema Solar faz parte. E quantas galáxias já identificamos? Conforme o telescópio Hubble, tínhamos um total de dois trilhões de galáxias catalogadas até 2016. Lembrando que a ciência é um elemento em constante progresso e que muito pouco ainda foi desbravado.

Para termos noção de nossa limitação científica no tema, nossos deslocamentos para pesquisas são tão rudimentares que nossos dados são resultados de observações indiretas, com a ajuda de telescópios. Mas deslocamentos, em sua maioria, não tripulados estão sendo – e muitos ainda serão – amadurecidos com o aprofundamento da Astrofísica.

7.1.3 Astrofísica

Sabemos que a Astrofísica é um ramo da Astronomia responsável por estudar o Universo mediante conceitos da Física, como, por exemplo, luminosidade, densidade, temperaturas, composições químicas e o meio interestelar.

Aqui, nosso destaque é para aqueles elementos entre as estrelas, essa matéria esparsa que possui conexões de espaço-tempo, criando uma espécie de atalho entre regiões muito distantes do Universo. Segundo estudos modernos da Astrofísica, esse atalho tem uma entrada denominada buraco negro – região sem matéria entre estrelas que, por sua ausência, tende a engolir toda a matéria – e uma saída denominada buraco branco – elemento ainda sem explicação pela ciência por carência de evidências de onde essas matérias absorvidas encontram destino. A Teoria da Relatividade Geral de Einstein prevê matematicamente a existência dessas conexões, denominadas atualmente buracos de minhoca.

A ciência atual ainda não tem meios para aprofundar tais temas, o que demonstra, mais uma vez, nossa limitação enquanto seres humanos. Sobre tal limitação, podemos citar um exemplo concreto. A estrela Centauri fica a aproximadamente 4,22 anos-luz de distância do planeta Terra, mas, mesmo que utilizássemos a mais inovadora tecnologia existente, levaria mais de oitenta mil anos para chegar ao destino.

Para um dos mais respeitáveis teóricos da Universidade do Arizona, Paul Davies, os buracos de minhoca, por ocorrerem apenas em escalas subatômicas, duram frações de segundo. Para ele, buracos de minhoca grandes o suficiente para que um ser humano possa viajar através deles exigem uma nova forma de física, que não foi descoberta.

Na Espanha, pesquisadores criaram artificialmente um buraco de minhoca magnético, em que um campo magnético desaparece numa ponta e reaparece noutra. É um protótipo singelo, que ainda está muito longe de possibilitar o deslocamento da matéria, mas demonstra que há um caminho promissor e possível em desenvolvimento.

7.1.4 Planetas catalogados pela Astronomia: Capela e sua Constelação.

Retomamos nossa assertiva sobre os planetas identificados pela ciência como capazes de abrigar vida entre os mais de 4000 planetas (ou exoplanetas) catalogados fora do Sistema Solar.

Há uma constelação denominada Cocheiro, situada, segundo dados da Astrofísica, a cerca de 42 anos-luz do planeta Terra. Capela é sua estrela alfa. Para uma melhor compreensão das dimensões comparadas, precisaremos de alguns dados, a começar pela estrela solar do nosso sistema e sua correlação de massa. O volume da Terra em relação ao Sol é muito diferenciado. Cerca de 1,3 milhões de Terras caberiam dentro do Sol, conforme dados da *Ultimatesciense*. Mas por que trazemos essas informações? É que o planeta Capela possui, conforme dados da mesma fonte, aproximadamente 2,7 vezes a massa do Sol. Logo, mais de três milhões de Terras caberiam em Capela.

Sim, mas por qual razão nos dedicamos ao estudo desse planeta denominado Capela? Ocorre que um elemento externador já analisado em inúmeras perícias e ramos científicos aqui estudados destacou esse planeta em suas obras. Falamos de Francisco Cândido Xavier. Considerando as inúmeras validações de suas intervenções diante de vários casos concretos, com resultados comprovados experimentalmente, o utilizaremos como fonte de conexão com o tema em comento.

Chico Xavier descreveu que muitos habitantes do planeta Terra vieram exilados de Capela. Isso é afirmado categoricamente na obra denominada *A Caminho da Luz*, psicografada entre 17 de agosto e 21 de setembro de 1938 por um autor intelectual conhecido como Emmanuel, que também apresenta uma narração da história dessa civilização. No capítulo III da referida obra, "As raças adâmicas", há a seguinte descrição:

"Nos mapas zodiacais que os astrônomos terrestres compulsam em seus estudos, observa-se desenhada uma grande estrela na constelação Cocheiro, que recebeu na Terra o nome Capela (...) a luz gasta cerca de 42 anos para chegar à face da Terra" (XAVIER, 2018, p.27).

Como o bom senso nos ensina, a premissa da dúvida é sempre louvável à razão. E, racionalmente, é preciso ponderar toda a informação recebida e buscar sua confirmação científica, uma prova material própria que descreva a sua natureza experimental, dentre outros crivos já observados ao longo deste livro. Neste sentido, a escrita do fragmento exposto acima, no ano de 1938, precisa ser devidamente contextualizada. O intermediário externador possuía baixa capacidade intelectual, no sentido próprio de títulos escolares ou acadêmicos. Portanto, a natureza da informação e sua complexidade necessitam de uma investigação criteriosa, pois, mais uma vez, não há razão para apontá-lo como autor intelectual.

Outro fator é o contexto histórico. O nível de acesso à informação no ano de 1938, no interior de Minas Gerais, era extremamente restrito. Não apenas pela inexistência da Internet e seus inúmeros sítios de buscas de dados, mas também pela carência de bibliotecas com livros que abordassem tais temas. Vamos além: nem mesmo no resto do Brasil existiam, em regra, obras traduzidas sobre esse assunto que fossem amplamente acessíveis à população. Na verdade, nesse período histórico, havia até mesmo uma limitação tecnológica dos telescópios espaciais lançados na atmosfera que poderiam ajudar a precisar dados astrofísicos em escala significativa acerca da distância entre Capela e a Terra.

Assim, façamos uma análise dos seguintes elementos:

Fonte fidedigna periciada como elemento externador: Francisco Cândido Xavier;

Obra datada de 1938, *A Caminho da Luz*, na qual, em tenra idade e com limitada intelectualidade, Chico Xavier descreveu, entre outras informações, a distância entre um planeta denominado Capela e o planeta Terra;

A partir dos anos 2000, surgem telescópios que permitem à Astronomia confirmar, inclusive com precisão e apoio da Astrofísica, as distâncias entre os planetas mencionados: 42 anos-luz;

Concluímos este capítulo com tais reflexões, nunca perdendo o norte da constante evolução e progresso. Não há verdades conclusivas e imutáveis em ciência. Diante de novas provas experimentais contrapostas, a razão e a ciência experimental devem sempre ser um campo investigativo e aberto às inovações. Como afirmamos no capítulo destinado à Filosofia da Ciência: a Ciência é um ser vivo em progresso.

Contudo, não podemos confundir essa mutabilidade da Ciência com um conjunto de alterações conceituais arbitrárias. Nessa ceara científica experimental, há necessidade de obediência a um método rígido de acordo com o protocolo e hermenêutica de cada um dos ramos da ciência conforme estudamos ao longo desta obra. Esse método é aplicado para a devida apreciação dos fatos e experimentos. Em última análise, para complementar ou refutar as afirmativas apresentadas aqui, é preciso aplicar o mesmo padrão de método com experimentos. Apresentar provas materiais. Não basta uma complementação ou negação exclusivamente no campo dedutivo e teórico.

Por fim, partiremos para a conclusão do exposto neste livro, de modo a apresentar seu objetivo maior e uma conexão entre todos os assuntos aqui abordados. Despedimo-nos esperando que, com tudo que foi dito, tenhamos despertado no leitor a vontade de aprofundar-se nessas questões que vão além da materialidade.

Conclusão

O presente trabalho teve como finalidade apresentar, em sua introdução, a ideia de que a ciência experimental progride à medida que a sociedade também evolui, e que os meios de observação dos fatos acompanham um desenvolvimento global.

Avaliamos os fenômenos dentro de cada ramo científico, respeitando seus princípios próprios. A abordagem homologatória dos experimentos se deu pelos próprios ramos acadêmicos afins. Nosso empenho foi no sentido de oferecer uma singela coletânea harmônica, uma síntese de conexões entre ciência e espiritualidade em nossos tempos, com aprofundamento efetivo e apreciação criteriosa, sempre atentos aos ramos acadêmicos apreciadores dos objetos.

Se conseguirmos plantar interesse num seguimento de leitores de se aprofundar nos estudos Acadêmicos aqui apresentados, já teremos atingido parte de nosso objetivo.

Se gerarmos uma inquietação noutro seguimento de indivíduos, ajudando-os a sair de uma cômoda inércia materialista, terá sido um grande ganho para os autores. Se, ademais, por fim, potencializarmos o interesse de um seguimento de leitores que acreditam, mas procuram certezas em bases experimentais; levamo-los esses pequenos ensaios científicos sobre a vida. E desta maneira realizamos o intento na sua principal finalidade.

Com este livro, não temos a pretensão de apresentar verdades absolutas imutáveis, mas, sim, comprovar, pelos meios científicos experimentais da atualidade, que, além da matéria física, há uma inteligência individualizada que se mantém. O materialismo puro e a ciência estática não respondem às questões aqui abordadas. Conforme os fenômenos estudados, existe a continuidade de uma inteligência após a morte física, mesmo que sua causa original ainda não esteja devidamente clara.

Vimos que cada campo científico próprio demonstrou que, além das fronteiras convencionais da intelectualidade materialista, há esse elemento denominado por muitos como espiritualidade, sem nenhuma conotação religiosa exclusiva. Pesquisamos a Ciência Jurídica, as perícias grafotécnicas, a Literatura Brasileira, a Medicina, a Astrofísica e a Astronomia, e percebemos que todas essas áreas estão conectadas em um só ponto: há uma inteligência individualizada que se mantém após o término do corpo biológico, seja ela qual for. Alguns denominam no Ocidente de Alma, outros Espiritualidade, Espiritismo, enfim, não nos importa aqui o rótulo, mas sim o conteúdo que é essa continuidade de um ser individual devidamente comprovado pelos campos Acadêmicos da Ciência.

Mas, aqui, apenas pequenas pinceladas foram dadas. Investigue! Duvide! Mas não deixe de buscar e reafirmar tais respostas com um método sério de apreciação dos fenômenos, que se fundamente em provas devidamente reconhecidas.

Por derradeiro, pensemos juntos: o que decorre por consequência da convicção intelectual da existência de uma inteligência individualizada que se mantém após a morte física? Que inclusive a ciência experimental apresenta como verdadeira? Compreendemos que necessariamente uma reavaliação deva ser feita por todos nós tanto de valores como de condutas na sociedade. Não se pautariam mais as prioridades da vida exclusivamente no material. Não seria coerente cultivar ações que foquem exclusivamente na existência puramente física, pois, continuando a inteligência individualizada após a morte material, nossas reflexões precisam ser de outra ordem. Nem todas as respostas estão no materialismo; muito pelo contrário.

Dessa maneira, fazemos o fechamento, com a humilde esperança de auxiliar o despertar do leitor para algo além do materialismo estático convencional.

Bibliografia

ARISTÓTELES. *Ética a Nicômaco*. São Paulo: Martin Claret, 2000.

DESCARTES, René. *Discurso do Método*: Regras para a Direção do Espírito. São Paulo: Martin Claret, 2000.

FERNANDES, Ana. Trabalho de Análise Universitária. Análise do Poema "O Navio Negreiro", de Castro Alves. Lisboa, 2010, Munich GRINS Verlag, https://www.grin.com/document/173385

GORDON D. Fee e DOUGLAS Stuart, Endentes o que lês - um guia para entender a Bíblia com o auxílio da exegese e da hermenêutica - São Paulo: Editora Vida Nova, 2ª Ed. 1997,

GRACIÁN, Baltasar. A Arte da Prudência. São Paulo: Editora Martin Claret,2000.

HESSEN, Johannes. *Teoria do Conhecimento*. São Paulo: WMF Martins Fontes, 2012.

MAXIMILIANO, Carlos. *Hermenêutica e Aplicação do Direito*. Rio de Janeiro: Forense, 2003.

MELO, Michele Ribeiro de. *Psicografia e Prova Judicial*. São Paulo: Lex, 2013.

NASCIMENTO, Marcela Silva do. *Simbolismo na Literatura*. Artigo arquivado em Movimentos Literários. Universidade Estadual do Rio de Janeiro, Mestrado ano de 2010. https://www.infoescola.com/literatura/simbolismo-no-brasil/

PLATÃO. *Apologia de Sócrates / O Banquete*. São Paulo: Martin Claret, 2000.

_____. *A República*. São Paulo: Martin Claret, 2000.

POLÍZIO, Vladimir. *A Psicografia no Tribunal*. São Paulo: Butterfly, 2009.

ROUSSEUAU, Jean-Jacques. *Do Contrato Social*. São Paulo: Martin Claret, 2000.

ROMERO, Sílvio. *Compêndio de História da Literatura Brasileira*. Rio de Janeiro: Imago, 2001.

SOLTANOVITCH, Renata. *Direitos Autorais e a Tutela de Urgência na Proteção da Obra Psicografada*. São Paulo: Livraria e Editora Universitária de Direito, 2012.

TARNAS, Richard. *A Epopeia do Pensamento Ocidental*. Rio de Janeiro: Bertrand Brasil, 2001.

XAVIER, Francisco Cândido. *Parnaso de Além-Túmulo*. Rio de Janeiro: FEB, 2010.

_____. *A Caminho da Luz*. Rio de Janeiro: FEB, 2018.

IMPRESSÃO:

Santa Maria - RS | Fone: (55) 3220.4500
www.graficapallotti.com.br